El médico de su honra

European Masterpieces
Cervantes & Co. Spanish Classics Nº 26

General Editor: Tom Lathrop

El médico de su honra

Pedro Calderón de la Barca

Edited and with Notes by

CAROL BINGHAM KIRBY

State University College at Buffalo

Cervantes & Co.

Table of Contents

Acknowledgments

IN CONSIDERING WHICH INDIVIDUALS have most influenced my scholarly endeavors, I believe that those three individuals include William C. McCrary, Don W. Cruickshank and Steven D. Kirby. William C. McCrary, my dissertation director at the University of Kentucky, was both teacher and mentor who guided me carefully as a student of Golden Age Drama. Bill and I both shared a fascination with the figure of King Pedro I de Castilla in the *Comedia* and in particular in the masterful play, *El rey don Pedro en Madrid y el infanzón de Illescas*. Don W. Cruickshank has likewise shared a longstanding interest in the figure of King Pedro, and in particular in *El médico de su honra*. Don is a wonderful source of information for all textual matters relating to the *Comedia* and he has always been extremely generous in sharing his insights about these issues with me and so many other Golden Age scholars. My husband, Steven D. Kirby, has been my partner and mentor for more than thirty years. Those who know his work are aware of his breadth of knowledge and good judgment in scholarly matters and hence know how fortunate I am to have Steve as my partner.

I would like to thank Tom Lathrop for his patience while I worked on this edition, as well as his careful editing of the volume. I had the opportunity to use an earlier version of this edited text of *El médico* as a preliminary trial at the advanced undergraduate level in a Senior Seminar on Myths of Spanish Culture in fall 2004 at the State University College at Buffalo. It was a positive experience both for me and my students.

I dedicate this volume to my parents,
DANIEL E. BINGHAM and VIRGINIA F. BINGHAM,
and to my husband, STEVEN D. KIRBY, friend and colleague.

Introduction to Students

I. CALDERÓN, THE SPANISH GOLDEN AGE,
AND THE *COMEDIA*

S PAIN'S PINNACLE AS A great political and military power in the sixteenth century was surpassed only by its excellence in the arts and letters in the seventeenth, with both centuries being called the Spanish Golden Age, or *el Siglo de Oro*. The dramatist Pedro Calderón de la Barca was born in Madrid in 1600. He participated in, or witnessed, many of the significant events of the seventeenth century, when Spain still enjoyed the illusion of being the greatest power in Europe, although significant signs of its decline had already become evident. By the time that Calderón entered on the theatrical scene in 1623 with his first play, *Amor, honor y poder* (performed at the Royal Palace), Lope de Vega (1562-1635) had established a highly successful formula for the *Comedia*, the term coined by Lope to refer to any three-act play of serious or comic nature, written in polymetric verse and dealing with the themes of love and honor. Lope and his generation of dramatists had created an avid theatergoing public for a national theater that Calderón inherited and continued to cultivate. In addition, during Calderón's lifetime a theater at court was being nurtured, and Calderón played an important role in its further development. When Lope de Vega died in 1635, Calderón became court dramatist of King Philip IV.

Calderón came from a noble family from northern Castile and his parents died when he was relatively young. His strong-willed father was a significant influence in Calderón's writings, as the dramatist often created father figures who were domineering or unforgiving of their sons, with the most notable example being Basilio in Calderón's masterpiece, *La vida es sueño*. Calderón studied with the Jesuits in the Colegio Imperial in Madrid, graduating in 1614. Subsequently he studied theology at the Universidad de Alcalá de Henares and later canon law at the Universidad de Salamanca. His education in law and theology clearly left an indelible mark on his personality and is reflected in his dramas, in which characters analyze the world and the consequences of their actions in an amazingly logical manner. Calderón became known as a poet in 1620-22 when he composed poetry in honor of San Isidro, patron saint of Madrid. Sometime between 1625 and 1626 he served in the military in Italy and Flanders, and in 1636 he was knighted in the Order of Santiago, one of the military orders established in the Middle Ages. In 1640-42 he took part in the campaign to suppress the Catalan uprising. Although his father had guided him to enter the ecclesiastical life, only in 1651 did Calderón take holy orders. After 1651, he wrote only the religious dramas known as *autos sacramentales*, in addition to *comedias* for the court. Calderón lived most of his life in Madrid, where he died in 1681.

II. THE HONOR CODE AND THE CONJUGAL HONOR PLAY

The concept of honor is fundamental to Spanish culture and has been an essential theme in Spanish literature since the *Poema de mio Cid*, where both personal honor and social honor are presented as essential to one's being and existence. *Honor*, or *honra*, includes one's own sense of integrity and wholeness (personal honor), as well as what others think of one (social honor, reputation, or what some authors have called *el que dirán*). Several characters of our play will equate honor with life, a common affirmation in the Spanish Golden Age and in the *Comedia* in particular. Another famous definition of honor is found in Calderón's play, *El alcalde de Zalamea*: "... pero el honor / es patrimonio del alma, / y el alma sólo es de Dios" (Act I, vv. 874-76). While some critics have argued that the terms *honor* and *honra* carry different connotations, in our play both words are fundamentally synonymous in meaning, but are employed on different occasions due to the requirements of scansion and rhyme. The corresponding verbal form is *honrar*.

Calderón wrote three plays dealing specifically with conjugal honor, works in which a frightening code of behavior established by males, but tacitly accepted by females, demanded that the slightest degree of suspicion about the integrity of one's conjugal relationship caused the husband to eliminate the spouse in order to maintain his position in the eyes of the male tribe, or society. The trilogy of Calderón's conjugal honor plays includes *A secreto agravio, secreta venganza, El médico de su honra,* and *El pintor de su deshonra. El médico de su honra* was first published in Calderón's *Segunda Parte* (Madrid: María de Quiñones, 1637), and the scholar D. W. Cruickshank dates its composition ca. 1633-35. As you read *El médico,* you will want to pay particular attention to the various metaphors associated with health as they relate to the theme of honor, in particular as articulated by Don Gutierre as husband, as opposed to Doña Mencía, who as wife attempts to maintain the health of her honor but who is ultimately seen as the cause of the illness. You will also want to consider to what extent Calderón upholds the behavior which he dramatizes in his play, and whether he presents the conjugal honor code from a positive or negative point of view. The metaphor of health is also extended to Doña Leonor due to her earlier desertion by Don Gutierre, to the *gracioso* Coquín in the context of his teeth wager with the King, and to the members of the royal family (Don Pedro and Don Enrique) in light of their mutual suspicions toward one another and their corresponding concerns about their integrity, safety, and respective positions in society. Finally, in the dramatic universe which Calderón has created, King Pedro as source of honor, and by extension of justice, is another crucial theme of this specific conjugal honor play.

III. TYPES OR *PERSONAJES-TIPOS* IN THE *COMEDIA*

While Calderón presents the honor code in the serious context of conjugal honor, it will be helpful to consider briefly the characters (the *personajes dramáticos*) of *El médico* in terms of the types, or *personajes-tipos* which appeared in Golden Age drama in the seventeenth century. This will allow us to clarify how the universe of conjugal honor is unique in the *Comedia* in the portrayal of its characters and in the presentation of the plot of the play. The source of authority and order in the *Comedia* traditionally was the monarch, or *el rey*, a dramatic reflection of the king as God's representative on earth according to the belief in the Golden Age in the divine right of kings. Although the monarch could be presented as an emblematic figure of authority, he was not exempt from conflict with others or within himself. For this reason, critics have coined two phrases to refer to the portrayal of the monarch in the *Comedia*: *el rey galán* and *el rey viejo*. *El rey viejo* refers to a monarch who behaves as a mature individual (*el viejo* was another *tipo*), not necessarily old but wise in his actions, while *el rey galán* refers to a monarch who behaves as a young suitor, *el galán*, according to his personal needs (the body personal) and forgets his responsibilties as head of state (the body mystical). In *El médico* one can consider the two members of the royal family, King Pedro and the *Infante* Don Enrique, in light of these types. We will discuss the historical relationship between the two brothers below, but leaving this issue aside, one can argue that Enrique behaves as a *galán* in relation to Doña Mencía and Don Gutierre and that the consequences of his actions lead to tragedy. The portrayal of King Pedro, on the other hand, is even more complex. Pedro is meant to represent the monarch as source of order and justice, but one can argue that the King is ineffective at the least, and powerless at worst, in terms of achieving justice in the matter of Mencía and Gutierre. In addition, Pedro's relationship with his brother Enrique complicates his effectiveness as ruler, in part because of the historical tensions between the two siblings. Critics have found King Pedro to be one of the more enigmatic characters of the play, and so you will want to pay particular attention to his portrayal.

A pair of figures, or types, in the *Comedia* in general are *el galán* and *la dama*. They represent the energy and impetuousness of young people motivated by love, one of the major themes of the genre. In comic plays, called *comedias de capa y espada* (cape and sword plays; cf. "cloak and dagger" plays), the complex pursuit of the *dama* by the *galán* (with some interesting twists when the roles of male and female are reversed in some plays) ends in harmony, or at least order, when one or more couples marry. In the conjugal honor play, however, the consequences of such behavior are grave, as we see in the case of Enrique, who continues to pursue Mencía as if she were a *dama*, a woman free of the obligations of marriage, with disastrous consequences for Mencía and rather serious ones also for Enrique in terms of his relationship with his brother, the King. The earlier relationship between Doña Leonor and Don Gutierre was a common situation in the *comedia de capa y espada*, including the suspicion placed on Leonor's honor because of the other *galán*, Don Arias, who visited another woman in Leonor's household. In our conjugal honor play, however, we see that the serious consequences of Leonor's having been jilted, and hence dishonored in the eyes of society, further complicate the plot until the play ends on a very ironic note with the marriage "in blood" between Leonor and Gutierre.

In service to the *galán* and *dama* are usually at least one, but sometimes several servants (*criados* and *criadas*). We will see that the roles of Mencía's servants, in particular Teodora, will be important in allowing Enrique access to Don Gutierre's house, and specifically Mencía's garden. Because Teodora is a slave, she is also motivated by the desire to obtain her freedom, promised her by the *Infante*. Others who serve the King and/or the *Infante* are Don Arias and Don Diego, members of the nobility who also play the role of confidante or favorite to members of the royal family. The other *personaje-tipo* who was common in the *Comedia* was the *gracioso*, or *figura de donaire*. The *gracioso* differentiated himself from the *galán* and *dama* by belonging to the servant class, and although his origins could be humble (for example, Mendo in Lope de Vega's *Fuenteove-juna*), he could also be relatively well educated (for example, Pármeno in Fernando de Rojas's classic *La Celestina*), such that he could provide serious advice and counsel to his master. Catalinón in Tirso de Molina's *El burlador de Sevilla* is a magnificent example of a *gracioso* in the *Comedia*. In *El médico* Coquín serves Don Gutierre, but he also meets King Pedro in Act I when he finds himself in the royal palace. From this moment on, Coquín belongs to two worlds, and he moves rather freely between both. His anecdote to the King in Act II reflects on the theme of masculine integrity and sexuality that underpin the theme of conjugal honor, while the teeth wager that King Pedro proposes in the same scene suggests another level to the metaphor of wholeness, as a reflection of the health imagery that so dominates the play. As you read the work, consider Coquín's function in relation to the two worlds which he frequents, and in particular the nature of his interaction with King Pedro.

IV. THE FIGURE OF KING PEDRO AND THE
     ROLE OF HISTORY IN THE PLAY

Calderón placed *El médico* in fourteenth-century Castile during a most turbulent period of Spain's medieval history, specifically during the reign of King Pedro I de Castilla (1350-69). The historical framework of the action in the play, although not made specific, accurately reflects the early period during King Pedro's reign and his relationship with his brother Enrique. King Pedro, ruling during an epoch in which the monarchy and nobility vied for political power, was committed to maintaining the power of the monarchy. As a result, he was forced to deal sternly and often cruelly, including in a bloody manner, with members of the rebellious nobility. Known as both *El Cruel* and *El Justiciero*, Pedro fascinated historians, poets of the ballad tradition, and dramatists of the seventeenth century, because of his enigmatic character. The duality expressed by these contrasting epithets suggests the controversial nature of Pedro's reputation in the corpus of texts that constituted the Don Pedro material which Calderón and his audience would have brought to the creation, and appreciation of the figure of King Pedro in *El médico*. These texts included the Don Pedro ballad cycle, histories from the fourteenth through the seventeenth century, treatises on monarchy which made reference to Pedro as a positive or negative example for rulers, the legendary material surrounding the monarch, and the numerous _comedias_ portraying King Pedro as a major or minor figure in the Golden Age theater.

The only legitimate son of Alfonso XI, Pedro inherited the throne at an early age, but he was always plagued by the threat posed to his power, presented by historians and poets alternately as based on the reality of events, or due to paranoia caused by the actions of three of Alfonso's illegitimate children, namely, Enrique, Fadrique and Tello, all of whom conspired against Pedro early in his reign. Calderón's play will refer to Pedro's fear of his brothers' conspiring against him as a reflection of this paranoia. Among his brothers, it was Enrique who was to become Pedro's most serious competitor politically, and it was Enrique who would slay his brother at Montiel in 1369. The Golden Age theater, in particular, presented Pedro with three faces that are significant in relation to his portrayal in Calderón's _El médico_: as holder of _audiencias_ for his subjects, thereby suggesting an accessibility and immediacy in the rendering of justice by the monarch; giver of enigmatic, Solomon-like decisions; and epitome of the popular, vigilant king who secretly circulated among his subjects in the emblematic _ronda_ to inform himself about the state of his kingdom as well as his reputation among his subjects. While these three images suggest the epithet of _El Justiciero_, they are generally presented in the _Comedia_ tradition with emphasis on the enigmatic nature of the justice meted out by King Pedro. As you read Calderón's play, you will therefore want to consider the complexity of the function of these same images herein. It is pertinent to conclude a discussion of the epithet _El Justiciero_ with the following definitions of the word in two fundamental dictionaries for Golden Age lexicon: "el que guarda el rigor de la justicia; este tal ha de picar un poquito en cruel ..." (Covarrubias 1149b) and "El que exactamente observa justicia. Tomase frequentemente por el que castiga con algun rigor los delitos" (_Diccionario de Autoridades_ 4: 337a).

A final matter to consider is the manner in which Calderón has created a ficticious plot relating to Gutierre and Mencía that on one level is contemporary to Calderón's time in its portrayal of the honor code, while at the same time placing this conjugal honor plot against the backdrop of the medieval period by setting the action very generally during the reign of King Pedro. I therefore encourage readers to consider how and to what end, the two parallel time frameworks—the medieval and the contemporary—exist, and are related structurally and poetically in Calderón's play.

V. THE SPANISH *COMEDIA* AS DRAMATIC POETRY

Essential to reading and experiencing Spanish Golden Age Drama is the ability to appreciate the aural/oral aspects of a play that was written to be performed before an audience of diverse social classes in the playhouses of seventeenth-century Spain. Students should attempt to imagine the performed text as they read the literary text which is reproduced here. Several strategies will be helpful. First, reading aloud extended passages will make one aware of the importance of the verse itself, as well as the rhyme schemes so essential to the performance text of any *comedia*. This same reading will allow one to hear the repetition of metaphors (e.g., those surrounding health, or *la salud*) as they relate to honor. The skillful manner in which the words *honor*, *honra*, and *honrar* are integrated into the dialogue further accentuate the theme and the key images of the work. These reading techniques will aid the student in appreciating how Calderón has woven a complex verbal tapestry into his text. Students will also want to pay particular attention to the stage directions (called *acotaciones*, or *didascalias*), which indicate not only the entrances and exits of characters, but which can also include such details as the dress or appearance of a character, a gesture, or the emotional state of that individual. Besides the stage directions which appear italicized in the middle of the page (and which are counted as lines in this edition), there are implicit stage directions (called *didascalias implícitas* by some scholars) which are found in the speeches themselves and which reveal information about actions on the stage, or which may reinforce what was written earlier in the text as an explicit stage direction. Another dramatic technique is that of the aside, or *Aparte* (indicated in our text in italics and in brackets) to reveal that a character is speaking to the audience and not to other actors on stage.

The polymetric verse of the *Comedia* was an essential part of the complex art of Golden Age dramatists in creating a drama full of action. Fundamental to any *comedia* are the three conventions of poetry: meter (*metro*), rhythm (*ritmo*), and rhyme (*rima*). We will focus specifically on *verse length*, as the dramatist could choose from a variety of verse lengths based on the number of syllables therein, and *rhyme*, either assonantal or consonantal rhyme.

SCANNING VERSES

The final word of the verse determines whether the verse is *llano*, *agudo*, or *esdrújulo*. The most common verse is the *verso llano*, as most words in Spanish are *palabras llanas*, that is, they receive their stress on the next-to-the-last syllable of the word (e.g., *des<u>can</u>sa*). The next most common type of verse is the *verso agudo*, which ends in a *palabra aguda*, a word stressed on the last syllable (e.g., *hospi<u>tal</u>*). The least common verse is the *verso esdrújulo*, ending in a *palabra esdrújula*, which is stressed on the antepenultimate, or third from last syllable (e.g. *<u>cá</u>mara* or *hi<u>pó</u>grifo*). In determining the stress of the word, one always focuses on the last <u>tonic</u> (i.e., stressed) vowel of the word; this is an essential principle for determining both scansion and rhyme. It is also necessary to remember that one is focusing NOT on the accentuation, but rather the stress on the last word of the verse.

Before we can count any verses, however, we must understand the following principles of Spanish versification:

1. Contiguous vowel sounds are joined between words (up to a maximum of three vowels can be joined), as is the case in ordinary speech. This is the principle of *synalepha*.
2. A *diphthong* (two contiguous vowels in the same word) are normally pronounced as one syllable, as is also the case in ordinary speech.

3. When the poet has difficulty establishing the syllable count that he desires (based on the exigencies of the verse pattern he has chosen for the specific passage of poetry, including both syllable count and matters of rhyme, in addition to the meaning which he wishes to convey), he can use the following poetic licenses (*licencias poéticas*), within reason:

a) *Syneresis.* Within the same word, the poet can choose to join two vowels that normally would <u>not</u> form a diphthong. For example, *poeta* is normally three syllables, but following syneresis renders the word a two-syllable word by joining the *oe* to form one syllable.

b) *Dieresis.* The poet can choose to divide a diphthong into two syllables by placing a dieresis (two dots, or the umlaut) above the weak vowel (*i* or *u*). For example, one normally pronounces *ruido* as two syllables, but if the poet needs an extra syllable in his verse, he can place the dieresis over the i, making *ruïdo* a three-syllable word. In *El médico* words related to *fiar* will often have a dieresis.

c) *Hiatus.* The poet can choose not to join two contiguous vowels in different words, as one normally does with synalepha, and instead separates them according to the poetic license of hiatus, which will provide an additional syllable for the verse. Hiatus is rather common with words that begin with the silent *h-* in Spanish. An example of hiatus in *El médico* is found in the following verse from one of Coquín's speeches in Act II: "risible animal le hace" (*ri-si-blea-ni-mal-le-ha-ce*). In this eight-syllable verse, hiatus is necessary between *le* and *hace* for correct scansion.

It is essential to understand, however, that the poetic licenses of *syneresis*, *dieresis*, and *hiatus* are <u>not</u> the norm. Normal practice includes the use of *synalepha* and the counting of a diphthong as one syllable. In the Golden Age, if a dramatist used any or all of these poetic licenses too frequently, he would be criticized by his fellow dramatists and other poets, and he would definitely be considered a less-than-skilled artist.

Now that you are aware of the principles of scansion, we can talk about the syllable count of individual verses. With a *verso llano* the syllable count for the verse is normal (i.e., we do not add or subtract a syllable). With a *verso agudo* we must add one syllable to the syllable count, while with a *verso esdrújulo* we will subtract one syllable from the syllable count for the verse. These principles are related to the time required to emit the sound of the last word in the verse. Here are some examples from *El médico*.

a) que aunque este horror y mancilla
　　queaun-quee-stehor-ror-y-man-ci-lla　　= 8 syllables

Here there are three cases of synalepha, including with the silent *h-* of *horror*, and in addition the diphthong in *aunque* is maintained. Since *mancilla* is a *palabra llana*, the verse count is eight syllables.

b) del suceso.
　　　　　　Esta ocasión
del-su-ce-soE-stao-ca-sión　　　　　7 + 1 = 8 syllables

Here there are two cases of synalepha, including between the two contiguous vowels of two different speeches. The word *ocasión* is a *palabra aguda* and therefore we add one syllable to the count of seven, giving us the needed eight syllables for this verse form.

c) que es a sus gustos fïel
　　quees-a-sus-gu-stos-fï-el　　　　　7 + 1 = 8 syllables

Here *fiel*, which normally is pronounced as one-syllable since it has the diphthong *ie*, is rendered a two-syllable word by adding the dieresis over the *i* of the weak vowel in *fïel*. This allows us to have an 8-syllable line in this *verso agudo*.

d) risa al hombre, y Aristóteles

ri-saal-hom-bre-yA-ris-tó-te-les   9 - 1 = 8 syllables

Here we count nine syllables, but because this is a *verso esdrújulo*, we subtract one syllable to make an eight-syllable verse. While synalepha between three contiguous vowels is possible (in the combination of "hombre, y Aristóteles"), it is likely that synalepha occurs only between *y* and *Aristóteles*, leading to the need for hiatus between *hombre* and *y*.

RHYME
The other essential aspect of Spanish versification is the phenomenon of rhyme. Once again we focus on the last word of the verse, where the rhyme is established, and again we concentrate on the last stressed, or <u>tonic</u> vowel of that word. The two types of rhyme, or sound similarity, in Spanish are consonantal rhyme (*rima consonante*) and assonantal rhyme (*rima asonante*). When there is consonantal rhyme (also called full rhyme, or perfect rhyme), all sounds are identical, or the same, for example, in these words from a passage early in the play: const<u>ante</u>-diam<u>ante</u>-Enr<u>ique</u>-apl<u>ique</u>, and as<u>ombre</u>-h<u>ombre</u>. When there is assonantal rhyme, only vowel sounds (one <u>or</u> two vowel sounds can be involved) are identical; for example, there is assonance in *á-a* in the following words from the final passage of *El médico*: bañ<u>a</u>d<u>a</u>, esp<u>a</u>nt<u>a</u>, olvid<u>a</u>d<u>a</u>, m<u>a</u>l<u>a</u>, ac<u>a</u>b<u>a</u>, and f<u>a</u>lt<u>a</u>s. The following words are found in a passage of assonantal rhyme in the single vowel *é* in Act I: bi<u>e</u>n, fu<u>e</u>, d<u>é</u>, bi<u>e</u>n, dos<u>e</u>l. Note that the weaker vowel in diphthongs (*i* or *u*) is rendered silent in cases of rhyme, as with the words *bien* and *fue* in this passage.

VERSE FORMS
Now that you understand how to count the number of syllables in *versos* (a poetic line, or verse) and can establish whether the rhyme is assonantal or consonantal, we can proceed to talk about the various ways in which these elements were combined in the Golden Age to provide the variety necessary for the polymetric

nature of the *Comedia* as a genre. The dramatist demonstrated his abilities as a poet by using the varied verse forms that were common during that period. These combinations could include both strophic and non-strophic verse forms. A strophe consists of several verses, or lines of poetry. If a single verse form were printed on the page, there would be blank space between the strophes, but in Golden Age plays, since the entire work is in polymetric verse, these divisions will be less noticeable to you as readers. If you heard the verses spoken as part of a performance of the play-text, however, these divisions would be more obvious.

STROPHIC VERSE FORMS
La redondilla
The *redondilla* consists of a series of four octosyllabic (eight-syllable) verses with consonantal rhyme, as in the following passage of two *redondillas* found early in Act I:

> REY   Llegad a esa quinta b<u>ella</u>,
> que está del camino al p<u>aso</u>,
> don Arias, a ver si ac<u>aso</u>,
> recogido un poco en <u>ella</u>,
> cobra salud el Inf<u>ante</u>.
> Todos os quedad aqu<u>í</u>,
> y dadme un caballo a m<u>í</u>,
> que he de pasar adel<u>ante</u> ...

Note that all of the verses cited are *versos llanos*, except those with rhyme in <u>í</u>, which are *versos agudos*, to which one must add one syllable to establish the octosyllabic verse. The rhyme scheme for the *redondilla* is usually abbacddc, as in this passage. This passage also brings attention to the fact that it is possible to find some verses with what might appear to be assonantal rhyme (the sixth and seventh verses in this passage) amidst a larger passage of consonantal rhyme. You will understand this phenomenon if you remember the definition of consonantal (or <u>full, perfect</u>) rhyme; i.e., all sounds are identical. (It is therefore correct to state that consonance <u>can be</u> assonance since all vowel sounds in consonantal rhyme are the same.)

La décima

The *décima* is composed of ten octosyllabic verses with consonantal rhyme, as in this passage constituting Coquín's epigram in Act II:

> "Floro, casa muy desi<u>erta</u>
> la tuya debe de s<u>er</u>,
> porque eso nos da a entend<u>er</u>
> la cédula de la pu<u>erta</u>:
> donde no hay carta, ¿hay cubi<u>erta</u>?,
> ¿cáscara sin fruta? N<u>o</u>,
> no pierdas tiempo; que y<u>o</u>,
> esperando los prov<u>echos</u>,
> he visto labrar barb<u>echos</u>,
> mas barbideshechos n<u>o</u>."

This *décima* combines both *versos llanos* and *versos agudos*, with the ryhme scheme being abbaaccddc.

La octava real

The *octava real* consists of eight hendecasyllabic (eleven-syllable) verses with consonantal rhyme. There is one passage of *octavas reales* in Act I, in which Doña Leonor presents her case to the King. The last *octava real* is as follows:

> Pedí justicia, pero soy muy p<u>obre</u>;
> quejéme dél, pero es muy poder<u>oso</u>;
> y ya que es imposible que yo c<u>obre</u>,
> pues se casó, mi honor, Pedro fam<u>oso</u>,
> si sobre tu piedad divina, s<u>obre</u>
> tu justicia, me admites gener<u>oso</u>,
> que me sustente en un convento p<u>ido</u>;
> Gutierre Alfonso de Solís ha s<u>ido</u>.

All of these verses are *versos llanos* with normal synalepha. The rhyme scheme is ABABABCC.

NON-STROPHIC VERSE FORMS
El romance

The *romance*, consisting of eight-syllable verses with assonantal rhyme in the even-numbered verses, is the verse form most associated with traditional, popular poetry in Spain. Because it is a non-strophic verse form, there is no specific number of verses, in contrast to the other verse forms employed by Calderón in *El médico*, with the exception of the non-strophic *silva*. The *romance* is often used for narrative purposes, and Calderón employs it in several passages in each Act, varying the vowel combinations, as was common among Golden Age dramatists. In Act I we have a *romance* passage in *é-o*, where all the verses are *versos llanos*:

> En las casas de los nobles
> tiene tan divino imperio
> la sangre del Rey, que ha dado
> en la vuestra atrevimiento
> para entrar desta manera ...

La silva

There were several types of *silvas* in the Golden Age. The verse form combined seven- (heptasyllabic) and eleven-syllable (hendecasyllabic) verses in various patterns, with no specific number of verses. Both the heptasyllabic and hendecasyllabic verse forms came to Spain in the sixteeenth century from Italy and were considered to be more learned than the octosyllabic verse that was so typically Spanish. In the *Comedia*, the *silva* was often used to present serious material and hence created a lofty or weighty tone. There is one passage of *silvas* in each Act of *El médico*. Calderón's *silvas* consist of consonantal rhyming couplets of varied combinations of seven- and eleven-syllable verses. In Act I they are used in the beginning of King Pedro's *audiencia*, and in both Acts II and III the serious scenes between Gutierre and Mencía that deal with matters of honor are written in *silvas*. Mencía's final words are in the following *silvas*:

¡Válgame Dios! ¡Jacinta, hola! ¿Qué es <u>esto</u>?	11
¿Nadie responde? ¡Otro temor fun<u>esto</u>!	11
¿No hay ninguna crï<u>ada</u>?	7
Mas, ¡ay de mí!, la puerta está cerr<u>ada</u>;	11
nadie en casa me esc<u>ucha</u>.	7
Mucha es mi turbación, mi pena es m<u>ucha</u>.	11
Destas ventanas son los hierros r<u>ejas</u>,	11
y en vano a nadie le diré mis qu<u>ejas</u>,	11
que caen a unos jardines, donde ap<u>enas</u>	11
habrá quien oiga repetidas p<u>enas</u>.	11
¿Dónde iré desta su<u>erte</u>,	7
tropezando en la sombra de mi mu<u>erte</u>?	11

These are all *versos llanos*, but one notices that Calderón has employed more hendecasyllabic than heptasyllabic verses in this particular passage of *silvas* and thereby accentuates the seriousness of Mencía's lamentations. In the third line it is more likely that there is dieresis with *crïadas* than that there is hiatus between *No* and *hay*, as dieresis with both *criado(s)* and *criada(s)* predominates in the play. There is also a case of syneresis, with the word *caen* forming one syllable in the ninth verse quoted here.

VERSIFICATION TABLE FOR *El médico de su honra*
Most scholarly editions of Golden Age plays number only the spoken text (i.e., the verses), excluding the stage directions in the total verse count. This series, however, has generally preferred to number each line (<u>both</u> verses and stage directions) of the play-text on each individual page, so that the student can more easily refer to and locate both spoken verses and stage directions. I have provided a footnote in the text itself where each new verse form begins so that the student and instructor interested in aspects of versification can easily identify the verse forms in this edition. The following table, consequently, lists the verse forms in this edition according to the respective page number, followed by the line

number. It is important to remember, therefore, that in this edition lines are used to locate verses and verse forms, but verses have both a specific syllable count and rhyme scheme, as treated earlier in this section of the Introduction. For example, in the following dialogue between Coquín and Don Pedro, there are four lines, but only one verse of *romance*.

REY	¿Quién sois?		
COQUÍN		¿Yo, señor?	
REY			Vos.
COQUÍN			Yo

Finally, remember that the Golden Age audience was especially attuned to the different verse forms of the *Comedia* and they enjoyed the ingenuity and creativity on the part of the poet in demonstrating his virtuosity as a creator of polymetric verse. This is why on occasion you will want to read aloud extended passages of the text, either individually or as a class, in order to appreciate fully the art of the dramatist.

PRIMERA JORNADA

redondillas	p. 40, l. 14-p. 43, l. 22	
romance é-o	p. 44, l. 2-p. 54, l. 15	(p. 47, ll. 9-10, *estribillo*)
décimas	p. 54, l. 19-p. 65, l. 12	
silvas	p. 65, l. 17-p. 67, l. 17	
octavas reales	p. 67, l. 18-p. 70, l. 7	
romance é	p. 70, l. 8-p. 85, l. 21	

SEGUNDA JORNADA

romance ú-e	p. 86, l. 11-p. 92, l. 16
redondillas	p. 92, l. 20-p. 94, l. 1
décimas	p. 94, l. 5-p. 106, l. 4
	(p. 105, ll. 1-13, irregular *décima*)

romance á-e	p. 106, l. 10-p. 110, l. 2
décima	p. 110, ll. 3-12
romance á-e	p. 110, l. 13-p. 112, l. 18
décimas	p. 112, l. 23-p. 115, l. 4
romance é-a	p. 115, l. 5-p. 120, l. 3 (p. 115, l. 29-p. 116, l. 1;
	p. 117, ll. 18-19; p. 120, ll. 2-3, *estribillos*)
redondillas	p. 120, l. 8-p. 126, l. 2
silvas	p. 126, l. 7-p. 135, l. 24

TERCERA JORNADA

décimas	p. 137, l. 13-p. 139, l. 15
romance í-e	p. 139, l. 16-p. 149, l. 18
silvas	p. 149, l. 22-p. 158, l. 11
romance á-e	p. 158, l. 16-p. 168, l. 21
redondillas	p. 168, l. 22-p. 172, l. 7
romance á-a	p. 172, l. 11-p. 177, l. 26

THEATRICAL SPACE

To conclude our treatment of the *Comedia* as dramatic poetry, we must include a consideration of the theatrical space that is indicated not only by the explicit stage directions, but also by the very dialogue of the play (what some scholars call implicit stage directions). It has now become common in Golden Age Drama studies to use the term *cuadro* rather than scene when discussing the divisions of the play-text that indicate the movement on stage in any *comedia*. For this reason, I will at times employ the word *cuadro* in my footnotes when I bring attention to the change in the dramatic space at a certain moment in the play. The term *cuadro* has been defined as a division that indicates a change of locale, which could be communicated by a reference to the passage of time, an empty stage platform, and often a new verse form. You will therefore enrich your understanding of Calderón's play by being aware of the locale in which the action occurs and considering what these dramatic spaces may communicate. For example, what differences are perceived between a segment of the action taking place in the King's palace, as opposed to the countryside, or the garden of Gutierre and Mencía's house, or the streets of Seville? As you consider the possible levels of figurative meaning for these dramatic spaces, you will often notice that the change in locale is accompanied by a change in verse form.

VI. ASPECTS OF THE LANGUAGE
Forms of Address

In the Golden Age social class, as well as the degree of formality or informality between individuals, determined what form of address one would use. Because our play includes members of the royal family, the formal *vuestra Majestad* (used exclusively to address the King) and *vuestra Alteza* or *tu Alteza* (used to address the *Infante* Don Enrique) are common. These expressions employ the third person singular form of the verb, since they mean "your Majesty" and "your Highness." Note that there is a greater degree of formality with *vuestra Alteza* as opposed to *tu Alteza*. The terms *vuestra Merced* and *vuesa Merced* ("your Grace") served the function of modern *Usted* for formal address, although these terms do not appear in our play. There is only one instance of a related form, *uced* in Act III, in a conversation between Coquín and Jacinta. *Usted* eventually evolved from *vuestra Merced*.

In our play the pronoun *vos* is a respectful form of address generally used between individuals of the same social class. It usually is employed when addressing a single individual, although at times it is also plural, since the word is roughly equivalent to the English forms *thou* and *ye*. The verb form corresponding to *vos* is the same as the modern *vosotros* form, which was not solidified and used on a widespread basis (*vos* + *otros*) until later. Gutierre says to the King in Act I: "Con este engaño pretende, / puesto que <u>vos</u> lo sab<u>éis</u>, / valerse de <u>vos</u>; y así, / yo me pongo a <u>vuestros</u> pies." Note that the corresponding possessive adjective, *vuestro*, likewise refers to a singular individual in this instance. The pronoun *tú*, singular as in modern Spanish, was generally used to address someone of lesser social status, thereby suggesting a degree of informality, or it could be used to indicate greater intimacy between individuals. The *tú* verb forms are the same as in modern Spanish. Some scholars believe that the fluctuation between pronouns (especially between *vos* and *tú*) had no clear significance in the Golden Age, but I encourage you to pay attention to the manner in which some characters in our play move back and forth between *vos* and *tú* when addressing certain individuals, or between *vuestra Alteza* and *tu Alteza* in the same speech, as a subtle barometer reflecting the feelings of the characters. For example, consider the use of both *vos* and *tú* by Enrique with Mencía in their initial encounter in Act I, and again between Enrique and Don Pedro early in Act III.

Spelling Variations

As is customary in most standard editions of Golden Age plays, whether student or scholarly editions, spelling variations have been retained, in part to reflect the fluctuation in the spelling norms of the period, but above all to reflect the pronunciation habits of the epoch. There will be instances in which spelling variations will be important for purposes of rhyme and/or scansion and they will usually be annotated herein. These words will also be included in the glossary. Some examples include: *infelice (infeliz)*, *agora (ahora)*, *aceto (acepto)*, *ansí (así)*, *efeto (efecto)*, *escuras (oscuras)*, *venisteis (vinisteis)*, and *vitorias (victorias)*. Seventeenth-century spelling practices had also not regularized *y* and *e* as in modern Spanish; therefore, you will find instances like "urna, pira, voz y incendio" and "de tu amor y ingenio fío / hoy," both of which in modern Spanish would require e before the "i" sound.

Nouns

There were variations in gender with some nouns in the Golden Age, for example, in the case of the words *epigrama* and *cometa*, both used in our play.

Pronouns

The relative pronoun *quien* was used to refer to both singular and plural antecedents, which could include both persons and things. In Act I Mencía says: "Desde la torre los vi / y aunque <u>quien</u> son no podré / distinguir ...", where the antecedent is plural referring to people. In Act II Don Arias uses *quien* to refer to two abstract concepts individually: "que es vuestro amor <u>quien</u> me mueve, / mi deseo <u>quien</u> me obliga."

The masculine direct object *le* can be used instead of *lo* when referring to things, the phenomenon of *leísmo*. For example, in the stage direction in Act III, *Levánta<u>le</u>* (He picks it up), <u>le</u> refers to the dagger (<u>el puñal</u>) of Enrique. Also in Act III <u>le</u> is used to refer to <u>el lance</u> (the quarrel) between Pedro and Enrique: "El Infante, / ... hoy un lance ha tenido (pero en vano / contárte<u>le</u> pretendo, / por no saber<u>le</u> bien ...)."

Also common is the phenomenon of enclitic pronouns, in which object and reflexive pronouns, instead of preceding conjugated verb forms, follow the verb and are attached to it. These examples are found in Act I: "Fue<u>se</u> y mi padre," "Dio<u>me</u> palabra que sería mi esposo," "quejé<u>me</u> de él," and "Visité<u>la</u>, entré en su casa." Stage directions also appear in our play with the enclitic pronoun, as in *Vase* and *Vanse*.

Adjectives
Both full and shortened (apocopated) forms of adjectives are found before nouns. For example one finds *primero aliento* (Act I), *este primero peligro* (Act II), but also *el primer consejo* (Act I). There is also an instance of *un hora* (Act III).

The possessive adjective for *vos* is *vuestro, -a*. You will need to study each passage to determine whether the antecedent is singular or plural, although there is a clear preponderance of singular antecedents in the play.

The antiquated forms *aqueste, aquesta, aquestos, aquese,* and *aquesa* coexisted with *este, esta, estos, ese,* and *esa*. An example from Act I is the following: "... <u>Aquese</u> cancel / os encubra, aquí aguardad."

Verbs

There are archaic forms, such as *habemos* = *hemos* of the auxiliary verb *haber* and the preterite of *traer* where *trujeron* = *trajeron.*

The imperfect subjunctive forms ending in *-ais* and *-eis* have an alternate form in the seventeenth century; for example *fuérades* = *fuerais* and *hablárades* = *hablarais.* These alternate forms are sometimes used for scansion purposes. An example from Act II is Leonor's speech: "pues si fuerais noble vos, / no <u>hablárades</u>, vive Dios, / así de vuestro enemigo."

There is a very persistent use of the subjunctive after *porque,* which was a synonym for *para que* in the Golden Age. Don Pedro says in an *Aparte* in Act II: "(Que dijese le apuré / el suceso en alta voz, / <u>porque</u> pued<u>a</u> responder / Leonor, si aquéste me engaña ...)," while Mencía says in the same Act: "<u>porque</u> mi temor no ignor<u>e</u>, / <u>porque</u> mi espanto no dud<u>e</u>."

One finds cases of the future subjunctive verb form (based on the third person preterite <u>-ron</u> form, but with <u>-e</u> instead of <u>-on</u>; e.g., <u>hablare</u>, <u>comiere</u>, <u>abriere</u>), to express concepts expressed in modern Spanish by the present indicative or other forms of the subjunctive. This form is no longer used in modern Spanish. For example, Coquín says to D. Pedro in Act I: "... soy quien / vuestra Majestad <u>quisiere</u>." This same dialogue between Pedro and Coquín in Act I contains a total of five cases of future subjunctive, two of which are also antiquated forms (*quisiéredes* = *quisiereis* and *hiciéredes* = *hiciereis*) that are employed for purposes of scansion. King Pedro says to Coquín in relation to their wager in Act I: "y si no me <u>hubiereis</u> hecho / reír en término de un mes, / os han de sacar los dientes." In Act II Gutierre says to Mencía: "Si yo <u>pudiere</u> venir, / vendré a la noche, y adiós."

Finally, at times the imperfect subjunctive is used instead of the conditional (which is still quite common today among native speakers of the language). Here are two examples from Act II, both speeches being spoken by Coquín: "Si el morir, señor, tuviera / descarte o enmienda alguna, / ... / yo <u>probara</u> [instead of <u>probaría</u>] la primera / por servirte; ..." and "pues si el golpe allá te hiriera, / <u>muriera</u> [instead of <u>moriría</u>] yo desde aquí."

Prepositions and Contractions

The personal *a* before a direct object is not always used in the Golden Age. For example, it is omitted in these speeches in Act II spoken by Don Enrique: "... y al alcaide / le diréis que traiga aquí / los dos presos" and by Doña Mencía: "y que así ofende un vasallo / tan generoso y ilustre."

The preposition *de* was often combined with the third-person pronoun, as well as with demonstrative pronouns and adjectives, for example: *de él = dél, de ella = della, de este = deste, de esta = desta*. Examples from Act I include: " ... y al cabo dél (= del mes) / no es mucho que tome postas;" "buscaré / a esta dama, y della oiré;" and "Una señora, / ... de lo mejor desta tierra."

Two phenomena related in particular to pronunciation and rhyme:

With metathesis, the final -d of the command form ending in -ad, -ed, or id (e.g., hablad, entended, venid), which served for both *vos* and *vosotros*, is transposed with the initial -l of the appended third-person object pronoun. For example in Act I Enrique says about Coquín, "Dejalde [instead of Dejadle], su humor le abona." In Act II King Pedro says to Enrique "sacalde [instead of sacadle] de la prisión."

With assimilation, the final *r* of the infinitive assimilates to the following *l* of an attached (appended) pronoun. In the *octavas reales* in which Doña Leonor presents her case to King Pedro in Act I, there are several good examples of assimilation. In the first, cumplilla [instead of cumplirla] rhymes with maravilla as a case of assimilation due to the exigencies of rhyme ("...No es maravilla. / ¿Qué palabra se dio para cumplilla?"). A few verses later there is assimilation without rhyme being the determining factor, since the rhyme could also have been established with the normal infinitives, perderla and tenerla: "que en secreto quisiera más perdella, / que con público escándalo tenella."

VII. The Present Edition of *El Médico de su Honra* and the Text of Calderón's Play

This edition has been prepared for the advanced undergraduate student of Spanish. To that end, I have targeted a non-scholarly, student audience in the annotation to Calderón's text and in the Introduction to Students. The Bibliography includes some fundamental studies on selected topics from the Introduction which the advanced student may wish to consult for further study.

In preparing the text of Calderón's play, I have followed the norms established by the series. Lexical items are either glossed in the margins (a degree sign ° follows the glossed word or phrase) or in footnotes, when more explanation is required. Footnotes also clarify cultural or historical points. I have tried to guide students in identifying aspects of figurative language, without imposing any particular interpretation of the text. In the Introduction students have been provided the tools of Spanish versification to help them appreciate the polymetric verse of the *Comedia* genre. The Glossary at the end of the volume attempts to be a complete lexicon for the play, indicating the Act(s) in which words appear. I have regularized and modernized spelling in the play-text in accordance with the norms for most editions of Golden Age drama, thereby retaining the phonetically distinctive language of the seventeenth century. For example, words that coexisted in the Golden Age or those which could have alternate spellings, and hence pronunciation (e.g., *acepto/aceto; ahora/agora; mismo/mesmo*) have been retained to reflect pronunciation practices in the Golden Age, since this can affect scansion and/or rhyme. Students will therefore want to read carefully the section on Aspects of the Language in the Introduction before beginning their reading of the play; further consultation of these items will also be helpful throughout the reading experience.

This edition is based on consultation of the original texts of Calderón, all of which are printed versions (some *comedia* texts have been preserved in manuscript form, either in the hand of the dramatist or that of copyists or scribes), and the modern editions listed in the Bibliography. *El médico* first appeared in Calderón's

Segunda Parte (Madrid: María de Quiñones, 1637). In preparing this edition, I consulted this first edition (or *princeps*), reproduced in the Cruickshank/Varey facsimile of the *Segunda Parte*, at the same time that I compared my transcription with the play-text in all of the other modern editions listed in the Bibliography. Beyond the consultation of the *princeps*, I have relied on the readings of other modern editors (namely, Jones and Cruickshank) when Calderón's text has been problematic. On occasion, in the footnotes I cite readings from the edition of the late seventeenth-century editor Vera Tassis, who published Calderón's *El médico* in 1686, once again based on the careful study of all the printed versions of Calderón's texts done by Jones and Cruickshank. The student interested in the fascinating topic of textual transmission of the play can consult the introduction to the edition by D. W. Cruickshank for a history and study of this topic, a matter that falls outside the realm of most student editions such as this one. In the play-text, I place in brackets material not found in the *princeps* to indicate my intervention as editor. This bracketed material generally relates to clarification of stage directions (e.g., what character leaves or enters the stage); if further information is necessary, a footnote has been provided. One is reminded that the entire play-text (spoken verses and stage directions) is numbered on each page of this edition for easy reference as lines and that the respective verse forms are listed earlier in the Introduction with reference to the page and line numbers in this edition. Finally, the Bibliography of editions consulted represents only those editions which I have consulted directly in establishing Calderón's text, while the studies cited, generally keyed to specific topics treated in the Introduction to Students, are selective and are meant to be the source of further research for the motivated student. For this reason, I have made comments about each edition, translation, and study where pertinent.

Bibliography

I. Modern Critical Editions in Spanish (cited by the editors' names in chronological order):

Astrana Marín, Luis, ed. *El médico de su honra. Obras completas*. By D. Pedro Calderón de la Barca. [Vol. 1: Dramas]. Madrid: Aguilar, 1932.

Valbuena Briones, Ángel, ed. El médico de su honra y El pintor de su deshonra. *Dramas de honor*. By Pedro Calderón de la Barca. Vol. 2. Madrid: Espasa Calpe, 1956. Includes helpful annotation.

Jones, C. A., ed. *El médico de su honra*. By Pedro Calderón de la Barca. Oxford: Clarendon Press, 1961. The standard critical edition of the play until D. W. Cruickshank's 1981 edition in Castalia appeared. Reasonably well annotated, with textual notes.

Ruiz Ramón, Francisco, ed. *El médico de su honra. Pedro Calderón de la Barca: Tragedias*. Vol. 2. Madrid: Alianza, 1968. Includes some helpful lexical annotation.

Wardropper, Bruce W., ed. *El médico de su honra. Teatro español del Siglo de Oro*. New York: Scribner's, 1970. Pages 495-609. Includes extensive annotation of a lexical and interpretative nature.

MacCurdy, Raymond R., ed. *El médico de su honra. Spanish Drama of the Golden Age*. New York: Appleton-Century-Crofts, 1971. Pages 427-82. A well-prepared student edition of the play, with some helpful lexical annotation.

Cruickshank, D. W. and J. E. Varey, eds. *Pedro Calderón de la Barca. Comedias*. Facsimile edition. Vol. 5: *Segunda Parte de Comedias* (Madrid 1637). Westmead: Gregg International; London: Tamesis, 1973. Facsimile of Calderón's *Segunda Parte*, which contains the *princeps* of *El médico de su honra*, consulted in preparing this edition.

Cruickshank, Don W., ed. *El médico de su honra*. By Pedro Calderón de la Barca. Madrid: Castalia, 1981. The most complete treatment of the textual tradition of the play, with extensive notes. Anyone interested in the early texts of the play and the play's textual transmission should consult Cruickshank above all.

Williamsen, Vern G., ed. *El médico de su honra*. By Pedro Calderón de la Barca. Association for Hispanic Classical Theater, Inc. web page: http://www.comedias.org/textlist.html; electronic version of the play, prepared in 1984, which follows the *Segunda Parte de las Comedias de Pedro Calderón de la Barca* (Madrid: María de Quiñones, 1637) text.

II. Translations into English (cited by the translators' names):

Calderón de la Barca, Pedro. *The Surgeon of His Honour.* Trans. Roy Campbell. Madison: Univ. of Wisconsin Press, 1960. A rather free prose translation of Calderón's text.

Calderón de la Barca, Pedro. *The Physician of His Honour. El médico de su honra.* Trans. Dian Fox with Donald Hindley. Warminster: Aris & Phillips, 1997. This prose translation includes the Spanish text opposite the English translation. The translation generally follows Calderón's text more closely than Campbell. The Fox/Hindley edition derives essentially from Cruickshank's edition, with some expanded annotation. I have been unable to consult the 2nd revised edition, to my knowledge not yet published as of November 2006 when I was completing this edition.

III. Studies Related to the Introduction to this Edition:

A. On the Topic of Honor:

"Appendix: *Honor* and *Honra* in *The Physician of His Honour.*" In Pedro Calderón de la Barca. *The Physician of His Honour. El médico de su honra.* Trans. Dian Fox with Donald Hindley. Warminster: Aris & Phillips, 1997. Pages 214-15. Succinct, helpful treatment of the topic.

B. On *Personajes-tipos* in the *Comedia:*

Prades, Juana José de. *Teoría sobre los personajes de la Comedia Nueva.* Madrid: C.S.I.C., 1963. The first study on the topic.

Ruiz Ramón, Francisco. *Historia del teatro español (Desde sus orígenes hasta 1900).* 3rd. ed. Madrid: Cátedra, 1979. Pages 134-41. Expanded treatment of the topic, following Prades's work.

C. On Coquín as *gracioso:*

"Coquín." In the "Introduction" to Pedro Calderón de la Barca. *The Physician of His Honour. El médico de su honra.* Trans. Dian Fox with Donald Hindley. Warminster: Aris & Phillips, 1997. Pages 8-9. Argues that Coquín may have Moorish origins.

Kirby, Carol Bingham. "El gracioso en dos dramas calderonianos de honor conyugal: El arte de la imitación." *Calderón. Protagonista eminente del barroco europeo.* Kassel: Edition Reichenberger, 2000. Pages 271-79. Treats the role of Coquín in *El médico* in relation to the Aristotelian concept of imitation.

Cruz, Anne J. "Eunuchs and Empty Houses: Coquín's Tragic Joke in *El médico de su honra.*" *Bulletin of the Comediantes* 53 (2001): 217-35. Studies Coquín's joke, or epigram, in Act II in light of the political and sexual imagery of the play.

D. On King Pedro and the Role of History in the Play:

Kirby, Carol Bingham, ed. El rey don Pedro en Madrid y el infanzón de Illescas. *Attributed to Lope de Vega. Critical Edition of the Text of the Primary Tradition.* Kassel: Edition Reichenberger, 1998. See the chapter "The Received Idea and the Concept of Sources" as well as the studies cited therein.

Kirby, Carol Bingham. Two dictionary articles on "Rey Don Pedro," and "Historia," in *Diccionario de la comedia del Siglo de Oro.* Eds. Frank P. Casa, Luciano García Lorenzo, and Germán Vega García-Luengos. Madrid: Castalia, 2002. Pages 261-62 and 165-66 respectively. The entries are on King Pedro and on History in the *Comedia.*

E. Fundamental Aspects of Spanish Versification, Figurative Language (especially in the Context of Poetry), and the Nature of Theater as a Genre:

Friedman, Edward H., L. Teresa Valdivieso, and Carmelo Virgillo.*Aproximaciones al estudio de la literatura hispánica.* 5th ed. Boston, MA: McGraw Hill, 2004.

F. Comprehensive General Study, with Extensive Bibliography on *El médico*:

Cruickshank, D. W. *Calderón.* El médico de su honra. Critical Guides to Spanish Texts. London: Grant & Cutler, 2003. Extensive bibliography with helpful summaries and commentaries.

IV. Lexical Studies Consulted and Cited in this Edition:

Covarrubias Horozco, Sebastián de. *Tesoro de la lengua castellana o española.* 1611. Edición Integral e Ilustrada de Ignacio Arellano y Rafael Zafra. Madrid: Iberoamericana, 2006.

Real Academia Española. *Diccionario de la lengua castellana (Diccionario de Autoridades).* 6 vols. 1726-1739. Facs. ed. 3 vols. Madrid: Gredos, 1969.

Fontecha, Carmen. *Glosario de voces comentadas en ediciones de textos clásicos.* Madrid: C.S.I.C., 1941.

Jammes, R., and M. T. Mir. *Glosario de voces comentadas en los 100 primeros volúmenes de Clásicos Castalia.* Madrid: Castalia, 1993.

El médico de su honra

PEDRO CALDERÓN DE LA BARCA

Personas que hablan en ella:

DON GUTIERRE ALFONSO SOLÍS, noble de Sevilla
El REY DON PEDRO I de Castilla
EL INFANTE° DON ENRIQUE, hermano del REY DON PEDRO   prince
DON ARIAS, noble en servicio al INFANTE DON ENRIQUE
DON DIEGO, otro noble en servicio al INFANTE DON ENRIQUE
COQUÍN, lacayo° de DON GUTIERRE   lackey
DOÑA MENCÍA DE ACUÑA, esposa de DON GUTIERRE
DOÑA LEONOR, mujer noble
JACINTA, esclava° en casa de DON GUTIERRE   slave
INÉS, criada de DOÑA LEONOR
TEODORA, criada de DOÑA MENCÍA
LUDOVICO, sangrador°   bloodletter
Un VIEJO
SOLDADOS
MÚSICA°   musicians

5

[PRIMERA JORNADA°]

act

Suena ruido de caja,[1] y sale cayendo el Infante don
ENRIQUE, don ARIAS y don DIEGO,
y algo detrás el REY don
Pedro, todos de camino.[2]

ENRIQUE	¡Jesús mil veces![3]
ARIAS	¡El cielo
	te valga![4]
REY	¿Qué fue?
ARIAS	Cayó
	el caballo, y arrojó
	desde él° al Infante al suelo.
REY	Si las torres de Sevilla
	saluda de esa manera,
	¡nunca a Sevilla viniera,
	nunca dejara a Castilla![5]
	¿Enrique! ¡Hermano!
DIEGO	¡Señor!
REY	¿'No vuelve?°
ARIAS	A un tiempo ha perdido

° = el caballo

° = ¿No vuelve en

---

[1] *Suena ruido de caja* One hears the sound of drums to announce the entrance of the traveling members of the royal family.

[2] *todos de camino* This refers to the actors' dress, as they are traveling and thus are wearing boots, spurs, hats, and capes.

[3] The play begins in the countryside outside Seville. The verse form is the *redondilla*.

[4] ¡El cielo... *May heaven protect you!*

[5] nunca a Sevilla... Seville was the court in the fourteenth century during King Pedro's reign. The King and Enrique have traveled from Castille and are on their way to Seville.

	pulso,° color y sentido.°	pulse, consciousness
	¡Qué desdicha!°	misfortune
DIEGO	¡Qué dolor!	
REY	Llegad a esa quinta° bella,	country house

                pulso,° color y sentido.°   pulse, consciousness
                ¡Qué desdicha!°   misfortune
DIEGO   ¡Qué dolor!
REY   Llegad a esa quinta° bella,   country house
5   que está del camino al paso,
               don Arias, a ver 'si acaso,
               recogido° un poco en ella,   if he perhaps rests
               'cobra salud° el Infante.   regain his health
               Todos 'os quedad° aquí,   = quedaos
10   y dadme un caballo a mí,
               que he de pasar adelante;
               que aunque este horror y mancilla° injury
               mi rémora° pudo ser,   hindrance
               no me quiero detener
15   hasta llegar a Sevilla.
               Allá llegará la nueva
               del suceso.[6]

                    Vase [el REY].

20
ARIAS   Esta ocasión
               de su 'fiera condición°   brutal character
               ha sido bastante prueba.[7]
               ¿Quién a un hermano dejara,
25   tropezando desta° suerte   = de esta
               en los brazos de la muerte?
               ¡Vive Dios!
DIEGO   Calla, y repara
               en que, si oyen las paredes,

---

[6] **Allá llegará...** *News of the event will reach (the King) there* (i.e., in Seville).

[7] **de su fiera condición...** Don Diego and Don Arias are critical of King Pedro's decision to leave his brother immediately after the accident, as a reflection of King Pedro's fame as *El Cruel*.

	los troncos, don Arias, ven,[8]	
	y nada nos está bien.	
ARIAS	Tú, don Diego, llegar puedes	
	a esa quinta; y di que aquí	
5	el Infante mi señor	
	cayó. Pero no; mejor	
	será que los dos así	
	le llevemos donde pueda	
	descansar.	
10 DIEGO	Has dicho bien.	
ARIAS	Viva Enrique, y otro bien	
	la suerte no me conceda.[9]	

Llevan al Infante, y sale doña MENCÍA
15   *y* JACINTA, *esclava herrada.* °   branded

MENCÍA	Desde la torre° los vi,	tower
	y aunque quien[10] son no podré	
	distinguir, Jacinta, sé	
20	que una gran desdicha allí	
	ha sucedido. Venía	
	un bizarro° caballero	gallant
	en 'un bruto° tan ligero,	= don Enrique's horse
	que en el viento parecía	
25	un pájaro que volaba;	
	y es razón que lo presumas,	
	porque un penacho de plumas	
	matices al aire daba.[11]	

---

[8] **Calla, y repara...** The idea that "walls have ears" is based on a Spanish proverb. Don Diego extends the metaphor to trees having eyes.

[9] **y otro bien...** Don Arias asks that fortune grant him the favor of letting Enrique live.

[10] In the Golden Age **quien** was used in plural contexts.

[11] **porque un penacho...** The comparison of Enrique's horse to a bird continues, as Mencía describes the bird (= **el caballo**) with a crest of plumes, **un penacho de plumas**.

El campo y el sol en ellas°   = las plumas
compitieron resplandores;
que el campo le dio sus flores,
y el sol le dio sus estrellas;
porque cambiaban de modo,
y de modo relucían,
que en todo al sol parecían,
y a la primavera en todo.[12]
Corrió, pues, y tropezó
el caballo, de manera
que lo que ave entonces era,
cuando en la tierra cayó
fue rosa;[13] 'y así en rigor°   and thus indeed
imitó su lucimiento
en sol, cielo, tierra y viento,
ave, bruto, estrella y flor.[14]

JACINTA   ¡Ay señora! En casa ha entrado...
MENCÍA   ¿Quién?
JACINTA   ...un confuso tropel°   throng
            de gente.
MENCÍA   ¿'Mas que° con él   do you mean that
            a nuestra quinta han llegado?

*Salen don ARIAS y don DIEGO, y sacan al Infante don
ENRIQUE, y siéntanle en una silla.*[15]

---

[12] **El campo y el sol...** The elaborate image of the horse's mane as **un penacho de
plumas** continues, as Mencía compares the feathers' color and brilliance to various
aspects of nature.

[13] **Corrió, pues...** The horse fell and Don Enrique was injured; rosa refers to the blood
caused by the fall.

[14] **imitó su lucimiento...** *the (crest of the horse) imitated in its brilliance the sun....* The
technique of listing several elements at the end of one or more verses of a poetic
composition is called *clímax* (see Friedman, Valdivieso and Virgillo, *Aproximaciones al
estudio de la literatura hispánica*, p. 141). Calderón was particularly fond of using it in his
poetry and dramas.

[15] *siéntanle en una silla* They seat him (Don Enrique) on a chair.

DIEGO	En las casas de los nobles[16]
	tiene tan divino imperio
	la sangre del Rey, que ha dado
5	en 'la vuestra° atrevimiento
	para entrar desta manera.[17]
MENCÍA	[*Aparte*]
	(¿Qué es esto que miro? ¡Ay cielos!)[18]
DIEGO	El Infante don Enrique,
10	hermano del Rey don Pedro,
	a vuestras puertas cayó,
	y llega aquí 'medio muerto.°
MENCÍA	¡'Válgame Dios,° qué desdicha!
ARIAS	Decidnos a qué aposento°
15	podrá retirarse, en tanto
	que vuelva al primero aliento
	su vida.[19] ¿Pero qué miro?
	¡Señora!
MENCÍA	¡Don Arias!
20 ARIAS	Creo
	que es 'sueño fingido° cuanto
	estoy escuchando y viendo.
	¿Que el Infante don Enrique,
	más amante que primero,[20]
25	vuelva a Sevilla, y te halle
	con tan infeliz encuentro,

Right margin glosses:
= la casa vuestra
half dead
God help me!
room
a deceiving dream

---

[16] The verse form is now the *romance* in *é-o* assonance.

[17] **En las casas...** Don Diego refers to the right (metaphorically here, the **atrevimiento**) of the King and his family to enter any household when necessary.

[18] The *Aparte*, or aside, is a theatrical device which allows actors to talk directly to the audience and thereby reveal inner thoughts and feelings. Here, Mencía's *aparte* prepares the audience for her concerns about Don Enrique's presence in her house.

[19] **en tanto que vuelva...** *while he (Don Enrique) regains consciousness* (**el primero aliento**, literally, his first breath, and hence his normal breathing).

[20] **¿Que el Infante Enrique...** Don Arias means that Don Enrique is more the lover, or more in love, than before.

	puede ser verdad?	
MENCÍA	Sí es;	
	¡y ojalá que fuera sueño!	
ARIAS	Pues, ¿qué haces aquí?	
5 MENCÍA	'De espacio°	In good time
	lo sabrás; que ahora no es tiempo	
	sino sólo de acudir°	to attend to
	a la vida de tu dueño.	
ARIAS	¿Quién le° dijera que así	= al Infante
10	llegara a verte?	
MENCÍA	Silencio,	
	que importa mucho, don Arias.	
ARIAS	¿Por qué?	
MENCÍA	Va mi honor en ello.[21]	
15	Entrad en ese retiro,°	room
	donde está un catre° cubierto	cot
	de un 'cuero turco° y de flores;	Turkish leather
	y en él,° aunque humilde lecho,°	= el catre, bed
	podrá descansar. Jacinta,	
20	saca tú ropa al momento,	
	'aguas y olores° que sean	colognes and
	dignos de tan alto empleo.°	perfumes; service

Vase JACINTA.

25			
ARIAS	Los dos, mientras 'se adereza,°	it's being made
	aquí al Infante dejemos,	ready
	y a su remedio acudamos,	
	si hay en desdichas remedio.[22]	
30		

---

[21] **Va mi honor en ello** *My honor depends on it* (**ello** = **el silencio**).

[22] **si hay en desdichas...** *if a remedy can result from such misfortune.* Don Arias knows of the past relationship betwen Mencía and Enrique and therefore is aware of the dangers involved in their meeting again.

Vanse los dos [don ARIAS y don DIEGO].

MENCÍA   Ya se fueron, ya he quedado
sola. ¡O quién pudiera, 'ah, cielos,°   oh, heavens
5   con licencia° de su honor   permission
hacer aquí sentimientos!²³
¡O quién pudiera 'dar voces,°   cry aloud
y 'romper con el silencio°   break the silence
cárceles° de nieve, donde   prisons
10   está aprisionado° el fuego,°   imprisoned, fire
que ya, 'resuelto en cenizas,°   reduced to ashes
es ruina que está diciendo:
"Aquí fue amor!"²⁴ Mas ¿qué digo?
¿Qué es esto, cielos, qué es esto?
15   Yo soy quien soy.²⁵ Vuelva el aire
'los repetidos acentos°   my many cries
que llevó; porque aun perdidos,
no es bien que publiquen ellos°   = los acentos
lo que yo debo callar,°   to silence
20   porque ya, con más acuerdo,²⁶
ni para sentir soy mía;²⁷
y solamente 'me huelgo°   I am glad
de tener hoy que sentir,
por tener en mis deseos
25   que vencer; pues no hay virtud
sin experiencia.²⁸ Perfeto°   = perfecto

---

²³ **hacer aquí...** *give expression to one's feelings.*

²⁴ **¡Aquí fue amor"!...** *Here was love!* Mencía reveals that she once loved Enrique. Note the metaphors referring to her now-dead passion.

²⁵ **Yo soy quien soy,** a phrase commonly found in the conjugal honor plays, refers to one's obligations to honor. Mencía catches herself and attempts to control her feelings.

²⁶ **con más acuerdo** *with greater reflection.*

²⁷ **Ni para sentir...** Mencía means that she has no right to feel her own emotions (i.e., her former love for Enrique). This is due to her obligations to honor.

²⁸ **pues no hay virtud...** Mencía means that she is glad to conquer her feelings, as virtue (**virtud**) cannot exist without being tested (**sin experiencia**).

está el oro en el crisol,°   crucible
el imán° en el acero,°   magnet, steel
el diamante en el diamante,
los metales en el fuego:
5   y así mi honor en sí mismo
'se acrisola,° cuando llego   becomes purified
a vencerme, pues no fuera
sin experiencias perfeto.²⁹
¡Piedad,° divinos cielos!   have mercy
10   ¡Viva callando, pues callando muero!³⁰
¡Enrique! ¡Señor!

ENRIQUE   ¿'Quién llama?°   who calls me?
MENCÍA   ¡Albricias°...   thank goodness
ENRIQUE   ¡Válgame el cielo!
15 MENCÍA   ...que vive 'tu Alteza!°   your Highness
ENRIQUE   ¿Dónde
estoy?
MENCÍA   En parte, a lo menos,
donde de vuestra salud
20   hay quien 'se huelgue.°³¹   takes pleasure
ENRIQUE   Lo creo,
si esta dicha,° por ser mía,   good fortune
'no se deshace° en el viento,   does not vanish
pues consultando conmigo
25   estoy, si despierto sueño,
o si dormido discurro,³²
pues a un tiempo duermo y velo.°   I am awake
Pero ¿para qué averiguo,°   investigate

---

²⁹ **pues no fuera...** Mencía means that her honor would not be perfect without being tested, much as earlier she talked of her virtue being tested.

³⁰ This and the previous verse constitute an *estribillo* in this passage of *romance* in *é-o*. ¡Viva callando *Let me live in silence.*

³¹ **donde hay... huelgue** A good example of hiperbaton: **donde hay quien se huelgue de vuestra salud.**

³² **si despierto...** *if I am dreaming awake, or if I speak while asleep.*

poniendo a mayores riesgos°   jeopardy
la verdad? 'Nunca despierte,°   may I never awa[
si es verdad que agora[33] duermo;
y nunca duerma en mi vida,[34]

5   si es verdad que estoy despierto.
MENCÍA   Vuestra Alteza, gran señor,
trate prevenido y cuerdo
de su salud,[35] cuya vida
dilate[36] siglos eternos,

10   fénix de su misma fama,
imitando al que en el fuego
ave, llama, ascua y gusano
urna, pira, voz y[37] incendio,
nace, vive, dura y muere,[38]

15   hijo y padre de sí mesmo;[39]
que después sabrá de mí
dónde está.
ENRIQUE   No lo deseo;
que si estoy vivo y te miro,

20   ya mayor dicha no espero;
ni mayor dicha tampoco,

---

[33] The Golden Age used both *aora* and *agora* for the modern form *ahora*.

[34] **y nunca duerma...** *and may I never sleep again.*

[35] **Vuestra Alteza...** Mencía tells Enrique that he must take care of his health prudently. Mencía's use of **Vuestra Alteza** here suggests that she is trying to establish greater formality than when Enrique first regained consciousness and she more spontaneously addressed him as **tu Alteza.**

[36] **cuya vida dilate** *whose life may be prolonged.*

[37] The Golden Age frequently used **y** preceding a word beginning with the "i" sound, as in *incendio*, instead of *e*.

[38] **fénix de su misma fama...** In this speech, Mencía hopes that Enrique's fame will be reborn, just as the mythological phoenix (**fénix**) is reborn from the ashes of its own funeral pyre. This explains the images in these two verses: **ave, llama, ascua y gusano...** *a bird, a flame, an ember, and a worm* **urna, pira, voz y incendio...** *urn, pyre, voice (of fame), and fire.*

[39] The form **mesmo**, instead of *mismo*, is used to maintain the rhyme of the *romance* in *é-o.*

	si te miro estando muerto;	
	pues es fuerza que sea gloria	
	donde vive ángel tan bello.[40]	
	Y así no quiero saber	
5	qué acasos° ni qué sucesos°	chance, events
	aquí mi vida guiaron,	
	ni aquí la tuya trujeron;°	= trajeron
	pues con saber que estoy donde	
	estás tú, vivo contento;	
10	y así, ni tú que decirme,	
	ni yo que escucharte tengo.	
MENCÍA	[*Aparte*] (Presto de tantos favores	
	será desengaño el tiempo).[41]	
	Dígame ahora, ¿cómo está	
15	vuestra Alteza?	
ENRIQUE	Estoy tan bueno,	
	que nunca estuve mejor;	
	sólo en esta pierna siento	
	un dolor.	
20 MENCÍA	Fue gran caída;	
	pero en descansando, pienso	
	que cobraréis° la salud;	you will recover
	y ya os están previniendo[42]	
	cama donde descanséis.	
25	Que me perdonéis, os ruego,	
	la humildad de la posada;°	lodging
	aunque 'disculpada quedo...°	I may be excused
ENRIQUE	Muy como señora° habláis,	lady of the house
	Mencía. ¿Sois vos 'el dueño°	the owner

---

[40] **pues es fuerza...** Enrique says that Mencía is a beautiful angel and that he must be in paradise, or heaven.

[41] **(Presto de tantos...**) Mencía in her *Aparte* means that time will soon disabuse Enrique of so many (past) favors (bestowed on him as her suitor).

[42] **ya os están...** *they are preparing for you.*

desta casa?[43]

MENCÍA   No, señor;
pero de quien lo es, sospecho
que lo soy.[44]

ENRIQUE   Y ¿quién lo es?

MENCÍA   Un ilustre caballero,
Gutierre Alfonso Solís,
mi esposo y esclavo° vuestro.   slave

ENRIQUE   ¿Vuestro esposo?

[Levántase don ENRIQUE.]

MENCÍA   Sí, señor.
No os levantéis, deteneos;°   stop
ved que no podéis estar
en pie.

ENRIQUE   Sí puedo, sí puedo.

Sale don ARIAS.

ARIAS   Dame, gran señor, 'las plantas,°   your feet
que mil veces toco y beso,[45]
agradecido a la dicha
que en tu salud nos ha vuelto
la vida a todos.

Sale don DIEGO.

---

[43] Note that Enrique in this speech now employs the formal **vos** form of address, since he realizes that Mencía is the mistress of this house. He employed the **tú** form of address up to this point.

[44] **pero de quien...** *but over he who is, I suspect that I am.*

[45] **las plantas que...** Vassals showed their respect to those of higher rank by kissing the individual's feet. One would be even more obliged to make this gesture to a member of the royal family.

DIEGO	Ya puede vuestra Alteza a ese aposento retirarse°, donde está *retire* prevenido° todo aquello *ready* que pudo en la fantasía 'bosquejar el pensamiento.°⁴⁶ *your thoughts*

DIEGO
          Ya puede
vuestra Alteza a ese aposento
retirarse°, donde está   *retire*
prevenido° todo aquello   *ready*
que pudo en la fantasía
'bosquejar el pensamiento.°⁴⁶   *your thoughts*

ENRIQUE
Don Arias, dame un caballo;   *suggest*
dame un caballo, don Diego.
Salgamos presto de aquí.

ARIAS
¿Qué decís?

ENRIQUE
          Que me deis presto
un caballo.

DIEGO
          Pues, señor...

ARIAS
Mira...

ENRIQUE
          Estáse⁴⁷ Troya ardiendo,
y Eneas° de mis sentidos,   *Aeneas*
he de librarlos del fuego.⁴⁸
    [Vase don DIEGO.]

¡Ay, don Arias, la caída
no fue acaso,° sino agüero°   *a chance event,*
de mi muerte!⁴⁹ Y con razón,   *omen*
pues fue divino decreto°   *decree*
que viniese a morir yo,

---

⁴⁶ **todo aquello que...** The Golden Age used the terms **fantasía** and **pensamiento** in relation to the faculties of the mind: **fantasía** was related to the imagination and **pensamiento** to one's ability to reason or think.

⁴⁷ The placement of the enclitic pronouns, such as **se** on **Estáse**, was common in the Golden Age.

⁴⁸ **Estáse Troya...** Enrique says that Troy is burning and that he, Aeneas to his senses or feelings, has to save them **(los sentidos)** from the fire (of his passion for Mencía). Aeneas rescued his elderly father Anchises from the fires set by the Greeks in Troy by carrying the latter on his shoulders.

⁴⁹ Enrique addresses Mencía in the remainder of this long speech and once again uses the informal **tú** with her, as they are now alone.

con tan justo sentimiento,[50]
donde tú estabas casada,
porque[51] nos diesen a un tiempo
pésames y parabienes
de tu boda y de mi entierro.[52]
De verse el bruto a tu sombra,
pensé que, 'altivo y soberbio,°   haughty and arro
engendró° con osadía   gant (the horse),
'bizarros atrevimientos,°   performed,
cuando presumiendo de ave,   daring deeds
con relinchos° cuerpo a cuerpo   neighings
desafïaba[53] los rayos,
después que venció los vientos;
y no fue sino que al ver
tu casa, montes de celos
se le pusieron delante,
porque tropezase en ellos;°   = los celos (jeal-
que aun un bruto 'se desboca°   ousy); runs wi
con celos; y no hay tan 'diestro
jinete,° que allí no pierda   skillful horseman
los estribos al correrlos.[54]
Milagro° de tu hermosura   The miracle
presumí el feliz suceso
de mi vida, pero ya,
'más desengañado,° pienso   more disillusione

---

[50] **con tan justo sentimiento** *with such fitting feelings.*

[51] In the Golden Age the conjunction **porque** was a synonym for *para que* and also required use of the subjunctive.

[52] **pésames... mi entierro** *condolences and congratulations for your wedding and my burial.*

[53] The scansion of this eight-syllable verse requires that **desafïaba** scan as five syllables; for this reason the umlaut appears over the i, for dieresis. This will be common with forms of the verb *fïar* in the play.

[54] **no hay tan diestro jinete...** *"there is no horseman so skillful that he will not lose his stirrups when racing with jealousy"* (Fox/Hindley). Calderón is playing with the two meanings of the expression **perder los estribos**, to lose control over one's horse, and more figuratively, to be carried away with one's passions (in this case, Enrique's **celos**).

          que no fue sino venganza°   revenge
          de mi muerte; pues es cierto
          que muero, y que no hay milagros
          'que se examinen° muriendo.   that can be

5   MENCÍA   Quien oyere[55] a vuestra Alteza   examined
          quejas, agravios, desprecios,[56]
          podrá formar de mi honor
          presunciones y concetos°   = conceptos
          indignos dél;[57] y yo agora,

10   por si acaso llevó el viento
          cabal° 'alguna razón,°   intact, some thought
          sin que en partidos acentos
          la troncase,° responder   dispersed
          a tantos agravios quiero,

15   porque donde fueron quejas,
          vayan con el mismo aliento
          desengaños.° Vuestra Alteza,   truths
          liberal de sus deseos,
          generoso de sus gustos,

20   pródigo de sus afectos,[58]
          puso los ojos en mí:
          es verdad, yo lo confieso.
          Bien sabe, de tantos años
          de experiencias,° el respeto   testing

25   con que constante mi honor
          fue una montaña de hielo,
          conquistada de las flores,
          escuadrones que arma el tiempo.[59]

---

[55] **Quien oyere...** *Anyone who might hear...* **Oyere** is the future subjunctive of *oír;* this tense is not used in modern Spanish.

[56] **quejas... desprecios** *complaints, grievances, disparagements*

[57] **presunciones... dél** *assumptions and notions unworthy of my honor* (= *de él*).

[58] **liberal de... sus afectos** *liberal in your desires, noble in your pleasures, lavish with your affections.*

[59] **Bien sabe...** Mencía means that she resisted Enrique's advances for a long period.

	Si me casé, ¿de qué engaño°	deception
	se queja, siendo sujeto	
	imposible a sus pasiones,	
	reservado a sus intentos,	
5	pues soy para dama más,	
	lo que para esposa menos?[60]	
	Y así, en esta parte ya	
	disculpada, en la que tengo	
	de mujer, a vuestros pies	
10	humilde, señor, os ruego	
	no os ausentéis desta casa,	
	poniendo a tan claro riesgo°	risk
	la salud.	

ENRIQUE   ¡Cuánto mayor

15   en esta casa le tengo![61]

Salen don GUTIERRE ALFONSO *y* COQUÍN.

GUTIERRE   Déme los pies vuestra Alteza,[62]

20   si puedo de tanto sol

tocar, ¡o rayo español!,

la majestad y grandeza.[63]

Con alegría y tristeza

hoy a vuestras plantas llego,

Her honor was a mountain of ice to his affections, until she was conquered by flowers (i.e., compliments), squadrons (**escuadrones**) armed by time.

[60] **siendo sujeto...** Mencía tells Enrique that he has no reason to complain about her marriage, since she was always beyond his reach due to her inferior status. She affirms the importance of her status as a married woman (**esposa**) and tells him that if she resisted him as a **dama** (unmarried woman), she will do so even more now.

[61] **Cuanto mayor...** Enrique means that he runs even greater risk to his health if he remains.

[62] The verse form is now the *décima.*

[63] **si puedo de tanto sol...** The King, and by extension members of the royal family, were commonly associated metaphorically with the sun in the Golden Age.

y mi aliento, lince y ciego,[64]
entre asombros y desmayos,
es águila° a tantos rayos,   an eagle
mariposa° a tanto fuego: a butterfly
5   tristeza de la caída
que puso con triste efeto
a Castilla en tanto aprieto;[65]
y alegría de la vida
que vuelve restituida°   restored
10 a su pompa,° a su belleza,   splendor
cuando en gusto vuestra Alteza
trueca° ya 'la pena mía.°   transforms, my pain
¿Quién vio triste la alegría?
¿Quién vio alegre la tristeza?
15 Y honrad por tan breve espacio
esta esfera,[66] aunque pequeña;
porque el sol no se desdeña,
después que ilustró un palacio,
de iluminar el topacio
20 de algún pajizo arrebol.[67]
Y pues sois rayo español,
descansad aquí; que es ley
hacer el palacio el rey
también, si hace esfera el sol.
25 ENRIQUE   El gusto y pesar° estimo   concern
del modo que le sentís,
Gutierre Alfonso Solís;
y así en el alma le imprimo,
donde a tenerle me animo
30 guardado.

---

[64] lince y ciego *sharp-sighted and blind* (i.e., a paradox).

[65] que puso... aprieto *that put with such sad results the kingdom of Castile in such distress.* The word efeto, rather than efecto, is used for rhyming purposes.

[66] esta esfera *this sphere* (i.e., Gutierre's house).

[67] porque el sol... Gutierre asks that Enrique honor his humble abode.

GUTIERRE   Sabe tu Alteza
                              honrar.[68]
ENRIQUE   Y aunque la grandeza
                              desta casa fuera aquí
5   grande esfera para mí,
                              pues lo fue de otra belleza,
                              no me puedo detener;°   stay
                              que pienso que esta caída
                              ha de costarme la vida;
10   y no sólo por caer,
                              sino también por hacer
                              que no pasase adelante
                              'mi intento;° y es importante   my intentions
                              irme; que hasta un desengaño[69]
15   cada minuto es un año,
                              es un siglo cada instante.
GUTIERRE   Señor, ¿vuestra Alteza tiene
                              causa tal, que su inquietud
                              aventure la salud
20   de una vida que previene
                              tantos aplausos?[70]
ENRIQUE   Conviene°   it is important
                              llegar a Sevilla hoy.
GUTIERRE   Necio en apurar estoy[71]
25   vuestro intento; pero creo
                              que mi lealtad° y deseo...   loyalty
ENRIQUE   Y si yo la causa os doy,
                              ¿qué diréis?
GUTIERRE   Yo no os la pido;

---

[68] **Sabe tu Alteza...** Gutierre, in this speech alone, is more informal with Don Enrique. Earlier and subsequently, Gutierre is more formal when he employs **vuestra Alteza**.

[69] **que hasta un desengaño** *for until one is undeceived.*

[70] **que previene...** *that receives such applause.*

[71] **Necio... estoy** *I am foolish in trying to question.*

que a vos, señor, no es bien hecho
                    examinaros el pecho.
ENRIQUE   Pues escuchad: yo he tenido
                    un amigo tal, que ha sido
5   otro yo.⁷²
GUTIERRE   Dichoso° fue.   fortunate
ENRIQUE   A éste en mi ausencia fié⁷³
                    el alma, la vida, el gusto
                    en una mujer. ¿Fue justo
10   que, atropellando la fe
                    que debió al respeto mío,
                    faltase en ausencia?⁷⁴
GUTIERRE   No.
ENRIQUE   Pues a otro dueño le dio
15   llaves de aquel albedrío;⁷⁵
                    'al pecho° que yo le fío,   into the heart
                    introdujo 'otro señor;°   another master
                    otro goza su favor.
                    ¿Podrá un hombre enamorado
20   sosegar° con tal cuidado,   remain calm
                    descansar con tal dolor?
GUTIERRE   No, señor.
ENRIQUE   Cuando los cielos
                    tanto me fatigan hoy,
25   que en cualquier parte que estoy,
                    estoy mirando mis celos,
                    tan presentes 'mis desvelos°   my anxieties

---

⁷² **Pues escuchad...** Enrique invents a story about a friend who betrayed him in a matter of the heart to respond to Gutierre's queries, but also to communicate to Mencía his feelings of betrayal.

⁷³ **A éste en...** The verse requires an umlaut over *fié* for correct scansion, as has been seen before with forms of the word *fiar*.

⁷⁴ **¿Fue justo que...** *Was it right that, trampling the faith that he owed out of respect for me, he (this friend of mine) should fail me in my absence?*

⁷⁵ **llaves... albedrío** *the keys to that [woman's] free will.*

	están delante de mí,	
	que aquí los miro, y así	
	de aquí ausentarme deseo;	
	que aunque van conmigo, creo	
5	que se han de quedar aquí.[76]	
MENCÍA	Dicen que el primer consejo	
	ha de ser de la mujer;[77]	
	y así, señor, quiero ser	
	(perdonad si os aconsejo)	
10	quien os dé consuelo.° Dejo	comfort
	aparte celos, y digo	
	que aguardéis a vuestro amigo,	
	hasta ver si se disculpa;[78]	
	que hay 'calidades de culpa°	degrees of guilt
15	que no merecen castigo.°	punishment
	No os despeñe vuestro brío;	
	mirad, aunque estéis celoso,	
	que ninguno es poderoso	
	en 'el ajeno albedrío.°	another's free will
20	Cuanto al amigo,[79] confío	
	que os he respondido ya;	
	cuanto a la dama, quizá	
	fuerza,° y no mudanza° fue:	force, fickleness
	oídla vos, que yo sé	
25	que ella se disculpará.[80]	
ENRIQUE	No es posible.	

---

[76] **que aunque van conmigo...** The paradox is that although his **celos** and **desvelos** leave with Enrique, they will remain in Gutierre's house because Mencía is there.

[77] **Dicen que el primer consejo...** Several proverbs suggest that one should hear a woman's advice first; **ha de ser** *is supposed to be.*

[78] **si se disculpa** *if he absolves himself.*

[79] **Cuanto al amigo...** Mencía uses Enrique's invented story as a pretext to respond to his accusations and frustrations.

[80] **se disculpará** *she will excuse herself.*

[*Sale don* DIEGO.]

DIEGO
                              Ya está allí
          el caballo apercibido.°   ready
5   GUTIERRE   Si es del que hoy habéis caído,
          no subáis en él, y aquí
          recibid, señor, de mí,
          una pía hermosa y bella,
          a quien una palma sella,[81]
10   signo que vuestra la hace;[82]
          que también un bruto nace
          con mala o con buena estrella.[83]
          Es este prodigio,[84] pues,
          proporcionado y bien hecho,
15   dilatado de anca y pecho;[85]
          de cabeza y cuello es
          corto, de brazos y pies
          fuerte, a uno y otro elemento
          les da en sí lugar y asiento,
20   siendo el bruto de la palma
          tierra el cuerpo, fuego el alma,
          mar la espuma, y todo viento.[86]
    ENRIQUE   El alma aquí no podría
          distinguir lo que procura,[87]

---

[81] **una palma sella** *marked with the shape of a palm.*

[82] **una pía hermosa...** The *pía*, a small spotted mare used by kings and nobility, is also worthy of the *Infante* because its palm-shaped markings emblematize the palm as a symbol of victory. In this passage, **a quien** refers to the horse; **quien** was used to refer to people and things in the Golden Age.

[83] **con mala... estrella** *beneath a bad or good star* (i.e., fate).

[84] **este prodigio** *this extraordinary creature.*

[85] **dilatado .. pecho** *with a broad haunch and chest.*

[86] **a uno y otro elemento...** There were four elements in the Golden Age: earth, fire, air and water. Gutierre establishes four metaphors relating to each of the four elements and the character of the mare (**el bruto de la palma**) which he offers Enrique.

[87] **distinguir... procura** *distinguish what it is acquiring.*

	la pía de la pintura,	
	o por mejor bizarría,[88]	
	la pintura de la pía.[89]	
COQUÍN	Aquí entro yo. A mí me dé	
5	vuestra Alteza mano o pie,	
	lo que está (que esto es más llano),[90]	
	o más a pie, o más a mano.[91]	
GUTIERRE	'Aparte, necio.°	go away, fool.
ENRIQUE	¿Por qué?	
10	Dejalde, su humor le abona.[92]	
COQUÍN	En hablando de la pía,	
	entra la persona mía,	
	que es su segunda persona.[93]	
ENRIQUE	Pues ¿quién sois?	
15 COQUÍN	¿No lo pregona°	proclaim
	mi estilo? Yo soy, en fin,	
	Coquín, hijo de Coquín,	
	de aquesta° casa escudero,°	= esta, squire
	de la pía despensero,°	steward
20	pues le siso al celemín	
	la mitad de la comida;[94]	
	y en efeto, señor, hoy,	
	por ser vuestro día, os doy	

---

[88] o por... bizarría *or to put it more elegantly.*

[89] la pía de la pintura... Enrique is impressed by Gutierre's elaborate description, or pintura, of the mare.

[90] (que esto... llano) *whichever is more accessible.*

[91] Coquín makes fun of the custom of kissing the hand or feet of one's superiors as a gesture of respect and humility. Coquín also puns when he uses the expression estar a la mano, to be available or at hand. Note that Coquín is also formal with the *Infante*.

[92] Dejalde... *Let him stay, his humor vouches for him.* Dejalde = Dejadle, a case of metathesis.

[93] que es su segunda persona... Coquín identifies himself as the mare's second person since as the animal's steward he attends to its needs.

[94] pues le siso al celemín la mitad de la comida... Coquín means that he filches half of the animal's feed from the quantity of grain set aside for the creature (el celemín). In other words, Coquín steals the feed either to sell it for profit, or to feed himself.

	norabuena muy cumplida.[95]	
ENRIQUE	¿Mi día?	
COQUÍN	Es cosa sabida.	
ENRIQUE	Su día llama uno aquel	

     que es a sus gustos fïel,[96]
     y lo fue a la pena mía:[97]
     ¿cómo pudo ser mi día?

COQUÍN   Cayendo, señor, en él;°   = el día
     y para que se publique
     en cuantos lunarios° hay,   calendars
     desde hoy diré: "A tanto cay
     San Infante don Enrique."[98]

GUTIERRE   Tu Alteza, señor, aplique
     'la espuela al ijar;° que el día   the spur to the flank
     ya en la tumba helada y fría,[99]
     huésped del undoso dios,[100]
     hace noche.

ENRIQUE   Guárdeos Dios,
     hermosísima Mencía;
     y porque veáis que estimo
     el consejo, buscaré
     a esta dama, y della° oiré   = de ella
     la disculpa.[101] [*Aparte*] ('Mal reprimo°   I can barely
     el dolor, cuando me animo   suppress
     a no decir lo que callo.

---

[95] **norabuena... cumplida** *the most well-deserved congratulations.*

[96] **Fïel** is with dieresis for purposes of line scansion and means *propitious.*

[97] **y lo fue...** *and it (this day) was (faithful) to my pain.*

[98] **"A tanto cay...** *"On such and such a day falls St. Prince Don Enrique['s Day]."* Coquín's pun is based on the fact that a saint's days falls (**cae**) on a certain day, as well as the physical fall (**caída**) that Enrique has suffered. The diphthongized verb form **cay** has replaced **cae** to rhyme with **hay** in the preceding verse.

[99] **ya en la tumba...** *now in its icy and cold tomb.*

[100] **undoso dios** *the wavy god* (i.e., Neptune, god of the sea).

[101] **y porque veáis...** Enrique lets Mencía know that he will visit her again in the future.

Lo que en este lance° hallo,   turn of events
ganar y perder se llama;
pues él me ganó la dama,
y yo le gané el caballo).[102]

5

Vase el Infante [don ENRIQUE], don ARIAS,
don DIEGO y COQUÍN.

GUTIERRE   Bellísimo dueño mío,
10   ya que vive tan unida
                       a dos almas una vida,
                       dos vidas a un albedrío,°   free will
                       de tu amor y ingenio° fío   sensibility
                       hoy, que licencia me des
15   para ir a besar los pies
                       al Rey mi señor, que viene
                       de Castilla; y le conviene
                       a quien caballero es,
                       irle a dar la bienvenida.[103]
20   Y fuera desto, ir sirviendo
                       al Infante Enrique, entiendo
                       que es acción justa y debida,[104]
                       ya que debí a su caída
                       el honor que hoy ha ganado
25   nuestra casa.
MENCÍA   ¿Qué cuidado°   love interest
                       más te lleva a 'darme enojos?°   cause me distress
GUTIERRE   No otra cosa, '¡por tus ojos!°   I swear by your ey
MENCÍA   ¿Quién duda que haya causado

---

[102] **pues él me ganó...** Enrique refers ironically to the fact that although Gutierre won
Mencía (**la dama**), he (Enrique) has gained a horse (**el caballo** = **la pía**).

[103] **irle a dar...** *to go welcome him* (i.e., the King).

[104] **acción justa...** *a proper and necessary act.*

	algún deseo Leonor?[105]	
GUTIERRE	¿Eso dices? No la nombres.	
MENCÍA	¡O qué tales sois los hombres![106]	
	Hoy olvido, ayer amor;	
5		ayer gusto, y hoy rigor.°	severity
GUTIERRE	Ayer, como al sol no vía,[107]	
	hermosa me parecía	
	la luna; mas hoy, que adoro	
	al sol, ni dudo ni ignoro	
10	lo que hay de la noche al día.	
	Y escúchame un argumento:°	illustration
	una llama° en noche obscura°	flame, = oscura
	arde° hermosa, luce° pura,	burns, shines
	cuyos rayos, cuyo aliento	
15	dulce ilumina del viento	
	la esfera; sale el farol°	beacon
	del cielo, y 'a su arrebol°	to its crimson glow
	toda a sombra se reduce;[108]	
	ni arde, ni alumbra, ni luce,	
20	que es mar de rayos el sol.	
	Aplico agora:[109] yo amaba	
	una luz, cuyo esplendor	
	bebió planeta mayor,[110]	
	que sus rayos sepultaba:°	interred
25	una llama 'me alumbraba;°	illuminated me
	pero era una llama aquélla,	
	que eclipsas divina y bella,	

---

[105] **¿Quién duda que haya...** Mencía is jealous of doña Leonor, the woman whom Gutierre courted in the past.

[106] **¡O qué tales...** *Oh, you men are all the same!*

[107] **Vía**, a common alternate form of **veía** in the Golden Age, rhymes with **parecía** in the next verse. It is necessary for correct scansion of this octosyllabic verse.

[108] **toda a sombra...** *all is reduced to shadow.*

[109] **Aplico agora** *I will apply (the illustration) now.*

[110] **bebió planeta mayor** *a great planet drank up.*

siendo de luces crisol;[111]
porque hasta que sale el sol,
parece hermosa una estrella.[112]

MENCÍA   ¡Qué lisonjero os escucho!,
5   muy parabólico estáis.[113]

GUTIERRE   En fin, ¿licencia me dais?

MENCÍA   Pienso que la° deseáis mucho;   = la licencia
              por eso cobarde° lucho   a coward
              conmigo.

10 GUTIERRE   ¿Puede en los dos
              haber engaño,[114] si en vos
              quedo yo, y vos vais en mí?

MENCÍA   Pues, como os quedáis aquí,
              adiós, don Gutierre.

15 GUTIERRE   Adiós.

Vase don GUTIERRE. [Sale JACINTA.]

JACINTA   Triste, señora, has quedado.
20 MENCÍA   Sí, Jacinta, y con razón.

JACINTA   No sé qué nueva ocasión°   circumstance
              te ha suspendido y turbado;[115]
              que una inquietud, un cuidado
              'te ha divertido.°   has distracted yo

25 MENCÍA   Es así.

JACINTA   Bien puedes fïar de mí.

MENCÍA   ¿Quieres ver si de ti fío°   I trust
              mi vida, y el honor mío?

---

[111] **siendo... crisol** *being the crucible of lights.*

[112] **porque hasta que sale el sol...** Gutierre's entire speech is based on two metaphors: Doña Leonor was at once **luna**, **llama**, and **estrella**, while she has been surpassed by Mencía, **el sol** and **el planeta mayor**.

[113] **¡Qué lisonjero... estáis** *What a flatterer I hear in you!, you are given to telling parables.*

[114] **¿Puede en los dos...?** *Can there be deception between us...?*

[115] **te ha suspendido...** *has given you pause and upset you*

forced *age* (handwritten at top)

	Pues escucha atenta.	
JACINTA	Di.	
MENCÍA	Nací en Sevilla, y en ella	
	me vio Enrique, festejó	
5	mis desdenes,[116] celebró	
	mi nombre, ¡felice[117] estrella!	
	Fuese, y mi padre atropella°	trampled
	la libertad que hubo en mí.	
	La mano a Gutierre di,	
10	volvió Enrique, y 'en rigor,°	in short
	tuve amor, y tengo honor:	
	esto es cuanto sé de mí.	

Vanse y sale doña LEONOR
y INÉS, *con mantos.*[118]

INÉS	Ya sale para entrar en la capilla:°	chapel
	aquí le° espera, y a sus pies te humilla.	le = al Rey
LEONOR	Lograré mi esperanza,	
20	si recibe mi agravio° la venganza.°	grievance, vengeance

Sale el REY, *[un* VIEJO*], y* SOLDADOS.

DENTRO:°	¡Plaza!°	offstage, make way!
25 [SOLDADO] 1	Tu Majestad aquéste lea.[119]	

---

[116] **festejó... desdenes** *he courted my rejections.*

[117] **felice,** alternate form for **feliz.**

[118] *Vanse... con mantos* The location of the scene changes from Gutierre's country house to the palace in Seville, where King Pedro receives petitions from his subjects. The tradition of the *audiencia* was closely associated with King Pedro in the Golden Age theater. There is a change of verse form to the *silva* to reflect the seriousness of what occurs in the beginning of the palace scene. Note also that Doña Leonor and her servant Inés enter cloaked to conceal their identities.

[119] **Tu Majestad...** The soldier asks the King to read his petition, a *memorial*, and hence the reference to **aquéste** (= modern **éste**). Soldiers 1 and 2 both use **Tu Majestad**, instead of **Vuestra Majestad**, to show their familiarity with the monarch.

REY   Yo le haré ver.[120]

[SOLDADO] 2   Tu Alteza, señor, vea
             éste.

REY   Está bien.

5   [SOLDADO] 2   [*Aparte*] (Pocas palabras gasta.°)   wastes

[SOLDADO] 3 Yo soy...

REY   El memorial aqueste basta.

[SOLDADO] 3 Turbado estoy; mal el temor resisto.

REY   ¿De qué os turbáis?[121]

10   [SOLDADO] 3   ¿No basta haberos visto?[122]

REY   Sí basta. ¿Qué pedís?

[SOLDADO] 3   Yo soy soldado;
             'una ventaja.°   extra remunerati

REY   Poco habéis pedido,

15   para haberos turbado:
             una jineta os doy.[123]

[SOLDADO] 3   Felice he sido.

VIEJO   Un pobre viejo soy; limosna° os pido.   alms

REY   Tomad este diamante.

20   VIEJO   ¿Para mí os le quitáis?

REY   Y no os espante;
             que, para darle de una vez, quisiera
             sólo un diamante todo el mundo fuera.[124]

LEONOR   Señor, a vuestras plantas

25   mis pies turbados° llegan;   troubled

---

[120] **Yo le haré ver.** *I will see that it (= **el memorial**) is read.*

[121] **¿De qué os turbáis?** *What are you upset about?*

[122] **¿No basta haberos visto?** Subjects traditionally were greatly moved by the sight of their king. In addition, the soldier may be reacting to King Pedro's fame as *el severo*, he of the severe countenance, as one aspect of his reputation as *El Cruel*.

[123] **una jineta os doy** The King promotes the soldier to the rank of captain of the infantry. The **jineta** was a short lance carried by a soldier of this rank.

[124] **Y no os espante** *And don't be surprised;* **que, para darle de una vez...** Another good example of hiperbaton: *que quisiera [que] todo el mundo fuera sólo un diamante, para darle de una vez.*

P the justice

       de parte de mi honor vengo a pediros

       con voces 'que se anegan en suspiros,°   *that drown in sighs*

       con suspiros 'que en lágrimas se anegan,°   *that drown in tears*

       justicia. Para vos y Dios apelo.°   *I appeal*

5 REY   Sosegaos, señora, alzad del suelo.[125]

   LEONOR   Yo soy...

   REY   No prosigáis de esa manera.

       Salíos todos afuera.

10   *Vanse [todos].*

       Hablad agora, porque si venisteis°   = vinisteis

       de parte del honor, como dijisteis

       'indigna cosa fuera°   *it would be*

15   que en público el honor sus quejas diera,

       y que a tan bella cara   *unworthy*

       vergüenza° la justicia le costara.   *shame*

   LEONOR Pedro, a quien llama el mundo Justiciero,[126]

       planeta soberano° de Castilla,   *sovereign*

20   a cuya luz 'se alumbra° este hemisferio;   *is illuminated*

       Júpiter español, cuya cuchilla

       rayos esgrime de templado acero,[127]

       cuando blandida° al aire alumbra y brilla;   *brandished*

       'sangriento giro,° que entre nubes de oro,   *a bloody gash*

25   corta los cuellos de uno y otro moro:[128]

       yo soy Leonor, a quien Andalucía

---

[125] **Sosegaos... alzad del suelo** *Calm yourself,..., arise from the ground.* Kneeling in the presence of the King was a gesture of respect.

[126] Leonor's petition to the King is in eight *octavas reales*, to reflect the seriousness of her honor problem.

[127] **cuya cuchilla...** *whose blade produces lightning bolts of tempered steel.* Jupiter was Roman king of the gods.

[128] **los cuellos de uno y otro moro** The reference is to the Moors against whom Christian Spain fought during the Reconquest (711-1492). King Pedro reigned from 1350-69.

llama ('lisonja fue°), Leonor la bella;   it was flattery
no porque fuese la hermosura mía
quien el nombre adquirió, sino la estrella;
que quien decía bella, ya decía
5 infelice,[129] que el nombre incluye y sella,
a la sombra no más de la hermosura,
poca dicha, señor, poca ventura.°   good fortune
Puso los ojos, 'para darme enojos,°   to cause me distr
un caballero en mí, que ¡ojalá fuera
10 basilisco de amor a mis despojos,
áspid de celos a mi primavera![130]
Luego el deseo sucedió a los ojos,
el amor al deseo, y de manera
mi calle festejó, que en ella vía[131]
15 morir la noche, y espirar el día.[132]
¿Con qué razones, gran señor, herida
la voz, diré que a tanto amor postrada,°   weakened
aunque 'el desdén° me publicó ofendida,   my disdain
la voluntad me confesó obligada?
20 De obligada pasé a agradecida,
luego de agradecida a apasionada;
que en la universidad de enamorados,
dignidades de amor se dan por grados:[133]
'poca centella° incita mucho fuego,   a small spark
25 poco viento movió mucha tormenta,

---

[129] The alternate form for **infeliz, infelice**, is needed here for correct scansion of this hendecasyllabic verse.

[130] **basilisco de amor... mi primavera!** *a basilisk of love to my spoils, an asp of jealousy to my springtime.* Leonor wishes that her suitor had killed her like a basilisk or asp. The basilisk was a mythological serpent, lizard, or dragon whose gaze or breath could kill, while the asp was a small poisonous snake.

[131] Once again **vía** is used instead of **veía** for rhyming purposes.

[132] **mi calle festejó...** Leonor means that her suitor haunted her street all day and night; **espirar = expirar.**

[133] Leonor describes how she struggled against the suitor's advances, only to be conquered by love.

poca nube al principio arroja luego
mucho diluvio,° poca luz alienta   deluge
mucho rayo después, poco amor ciego
descubre mucho engaño; y así intenta,
siendo centella, viento, nube, ensayo,
ser tormenta, diluvio, incendio y rayo.[134]
Diome palabra que sería mi esposo;
que éste de las mujeres es el cebo
con que engaña el honor el cauteloso
pescador, cuya pasta es el Erebo
que aduerme los sentidos temeroso.[135]
El labio aquí fallece, y no me atrevo
a decir que mintió. No es maravilla.
¿Qué palabra se dio para cumplilla?[136]
Con esta libertad entró en mi casa,
'si bien siempre el honor fue reservado;'[137]
porque yo, liberal de amor, y escasa
de honor, me atuve siempre a este sagrado.[138]
Mas la publicidad a tanto pasa,
y tanto esta opinión se ha dilatado,
que en secreto quisiera más perdella,
que con público escándalo tenella.[139]
Pedí justicia, pero soy muy pobre;

---

[134] Once again several items are restated at the end of this strophe as a *clímax*.

[135] **el cauteloso pescador...** Leonor means that men, like her suitor, who deceive women with the promise (literally, **el cebo**, the bait) of marriage, are cunning fishermen whose substance (**pasta**) is the fearful Erebus River, which lulls to sleep the senses, or faculties, of a woman's honor.

[136] In this case of assimilation, **cumplilla** is used instead of **cumplirla** to rhyme with maravilla.

[137] **si bien siempre...** *although honor was always preserved.*

[138] **me atuve siempre...** Leonor means that she always had complete confidence in the sanctuary (of her house), meaning that she believed her social honor would not be compromised by her suitor's visits.

[139] The object **la** in both **perdella** and **tenella** (both cases of assimilation) refers back to **la opinión**, with its meaning of honor or reputation.

Ns' pun our grie

quejéme dél, pero es muy poderoso;[140]
y ya que es imposible que yo cobre,
pues se casó, mi honor, Pedro famoso,
si sobre tu piedad divina, sobre
5   tu justicia, me admites generoso,
que me sustente en un convento pido;
Gutierre Alfonso de Solís ha sido.[141]

REY   Señora, vuestros enojos[142]
siento con razón, por ser
10   un Atlante en quien descansa
todo el peso de la ley.[143]
Si Gutierre está casado,
no podrá satisfacer,
como decís, por entero
15   vuestro honor; pero yo haré
justicia como convenga
en 'esta parte;° si bien   *this matter*
no os debe restituir
honor, que vos os tenéis.[144]
20   Oigamos a la otra parte
'disculpas suyas;° que es bien   *his defense*
guardar el segundo oído
para quien llega después;
y fiad, Leonor, de mí,

---

[140] **Mas la publicidad...** Leonor attempted to maintain secrecy about the encounters in her house, but once the matter became public, she sought justice on another level, but without satisfaction, before approaching the King here.

[141] Leonor requests that the King order Don Gutierre, now revealed to be her former suitor, to maintain her in a convent. This was a common solution for dishonored women in the Golden Age theater.

[142] **vuestros enojos** *your troubles.* The remainder of Act I is in the *romance* in *é* verse form.

[143] Pedro calls himself an Atlas (= **un Atlante**), a Titan king who bore the weight of the heavens on his shoulders, just as Pedro carries the weight of the law on his.

[144] **si bien no os debe restituir...** Pedro means that it will not be necessary to restore Leonor's personal honor, as it is whole. The King will only need to intervene to restore her social honor.

K's *fice over* Ns

que vuestra causa veré
de suerte que no os obligue
a que digáis otra vez
que sois pobre, él poderoso,
siendo yo en Castilla Rey.
Mas° Gutierre viene allí;   but
podrá, si conmigo os ve,
conocer que me informasteis
primero. Aquese° cancel°   = ese, screen
os encubra, aquí aguardad,
hasta que salgáis después.

LEONOR   En todo he de obedeceros.

Escóndese [LEONOR], y sale COQUÍN.

COQUÍN   De sala en sala, pardiez,°   = por Dios
a la sombra de mi amo,
que allí se quedó, llegué
hasta aquí, '¡válgame Alá!°   Allah save me!
¡Vive Dios, que está aquí el Rey!
Él me ha visto, y se mesura.[145]
¡Plegue al cielo que no esté
muy alto aqueste balcón,
por si me arroja por él![146]

REY   ¿Quién sois?

COQUÍN   ¿Yo, señor?

REY   Vos.

COQUÍN   Yo,

---

[145] Se **mesura** could mean both that he (i.e., the King) is controlling his temper, but also that he looks stern. Both meanings are related to the epithet of *el severo* that the play reflects in its portrayal of King Pedro.

[146] **Plegue al cielo...** *May it please heaven...* Coquín is afraid that the King will throw him off the balcony, which was a fate suffered by characters who displeased their superiors in other Golden Age plays. For example, see Act II of Calderón's *La vida es sueño*, where Segismundo thus punishes an outspoken servant.

(¡válgame el cielo!), soy quien
vuestra Majestad quisiere,°   = *future subjunctive*
sin quitar y sin poner,
porque un hombre muy discreto
5   me dio por consejo ayer,
no fuese quien en mi vida
vos no quisieseis; y fue
de manera la lición,°   = lección
que antes, agora y después,
10   quien vos quisiéredes[147] sólo
fui, quien gustareis seré,
quien os place soy;[148] y en esto,
mirad con quién y sin quién...
y así, con vuestra licencia,
15   por donde vine me iré
hoy, con mis pies de compás,
si no con compás de pies.[149]

REY   Aunque me habéis respondido
cuanto pudiera saber,
20   quién sois os he preguntado.

COQUÍN   Y yo os hubiera también
al tenor de la pregunta
respondido, a no temer
que en diciéndoos quién soy, luego
25   por un balcón me arrojéis,
por haberme entrado aquí
tan sin qué ni para qué,

---

[147] **Quisiéredes**, an antiquated form of the future subjunctive *quisiereis*, is needed here for the eight-syllable line scansion. In the following verse, **gustareis** is also in the future subjunctive.

[148] **quien os place soy** *I am whoever pleases you.*

[149] **hoy, con mis pies...** Coquín puns on several meanings of **compás** in these two verses. He means that he will leave with his two feet as a compass (as **compás** meant both an instrument to measure geographical distances, as well as a mathematical instrument with two feet), but also keeping time with his feet (**de compás** = in rhythm, or keeping time).

teniendo un oficio yo
que vos no habéis menester.[150]

REY   ¿Qué oficio tenéis?

COQUÍN   Yo soy

5   cierto 'correo de a pie,°   mail service on foot
portador de todas nuevas,
hurón de todo interés,[151]
sin que se me haya escapado
señor, profeso o novel;[152]
10   y del que me ha dado más,
digo mal, mas digo bien.
Todas las casas son mías;
y aunque lo son, esta vez
la de don Gutierre Alfonso
15   es mi accesoria, en quien fue
mi pasto meridiano,[153]
un andaluz cordobés.
Soy cofrade[154] del contento;
el pesar° no sé quién es,   worry
20   ni aun para servirle: en fin,
soy, aquí donde me veis,
mayordomo de la risa,
gentilhombre del placer

---

[150] **teniendo un oficio yo...** Coquín responds to the King's repeated query as to who he is by saying ironically that he (Coquín) holds an office for which the King has no need. Coquín is a *figura de donaire* or *gracioso* (i.e., a comic figure who makes people laugh), while the King's severity has been referred to previously.

[151] **hurón de todo interés** *a gossipy busybody about anything of interest.*

[152] **sin que me haya escapado...** Coquín means that he knows the secrets of gentlemen, professed monks, and novices.

[153] **esta vez la de don Gutierre...** Coquín, like many *graciosos*, emphasizes his access to all houses; in addition, here he says that his present servants' quarters (**mi accesoria**) are in the house of Don Gutierre Alfonso, where he eats his midday meal (**mi pasto meridiano**).

[154] **cofrade** *member of the brotherhood.*

y camarero del gusto,[155]
pues que me visto con él.[156]
Y por ser esto, he temido
el darme aquí a conocer;
porque un rey que no se ríe,
temo que me libre cien
esportillas batanadas,
con pespuntes al envés,
por vagamundo.[157]

REY   En fin, ¿sois
hombre, que a cargo tenéis
la risa?

COQUÍN   Sí, mi señor;
y porque lo echéis de ver,[158]
esto es jugar de gracioso
en palacio.[159]

Cúbrese.[160]

REY   Está muy bien;
y pues sé quién sois, hagamos

---

[155] **mayordomo de la risa...** Coquín describes himself as majordomo of laughter, gentleman of delight, and chamberlain of enjoyment.

[156] **pues que...** *I clad myself with it* (él = el gusto).

[157] **porque un rey que no se ríe...** Coquín fears that Pedro, as a king who has no use for him since he does not laugh, will have him punished with a hundred lashes on his backside for being a vagrant (por [ser] vagamundo). Vagamundo = vagabundo (vagrant). The images are rather complex: **cien esportillas batanadas** refers to baskets (**esportillas**) which have been beaten in a fulling mill (**un batán**, so that the baskets are **batanadas**) with knots on the wrong side, or backside (**con pespuntes al envés**).

[158] **y porque...** *and so that you will see (who I am).*

[159] **esto es jugar de gracioso...** *This is playing the court jester.* Coquín means that this is how court jesters act in palaces. In essence, he has assigned himself this role.

[160] Coquín puts on his hat. In the presence of a king, only grandees could wear their hats. Coquín's gesture can have two functions: he is at once imitating and parodying the privilege granted only to grandees, while at the same time he is satirizing the extension of the privilege to court jesters.

	los dos un concierto.°	wager
COQUÍN	¿Y es?	
REY	¿Hacer reír profesáis?[161]	
COQUÍN	Es verdad.	
5 REY	Pues cada vez	
	que me hiciéredes[162] reír,	
	cien escudos° os daré;	gold coins
	y si no me hubiereis° hecho	= future subjunctive
	reír en término de un mes,	
10	os han de sacar los dientes.[163]	
COQUÍN	Testigo falso me hacéis,[164]	
	y es ilícito contrato	
	de inorme° lesión.[165]	= enorme
REY	¿Por qué?	
15 COQUÍN	Porque quedaré lisiado°	harmed
	si le aceto,° ¿no se ve?	= acepto
	Dicen, cuando uno se ríe	
	que enseña los dientes; pues	
	enseñarlos yo llorando,	
20	será reírme al revés.[166]	
	Dicen que sois tan severo,	

---

[161] **¿Hacer reír profesáis?** *You claim to make people laugh?*

[162] The verb **hiciéredes**, an antiquated form of the future subjunctive **hiciereis**, is needed here for correct scansion of the eight-syllable line.

[163] Pedro proposes to pay Coquín one hundred **escudos** if he makes him laugh in a month's time. If Coquín is not successful, then the King will have Coquín's teeth pulled. Some critics have debated the seriousness of the bargain, while others cite it as another example of King Pedro's famed cruelty, specifically, his severity.

[164] **Testigo falso me hacéis** *You make me into a false witness against myself.* Coquín means that Pedro will make him into a liar in terms of his claim of making people laugh.

[165] **y es ilícito contrato...** Coquín calls it an unlawful contract, of enormous damages. He puns on two meanings of **lesión**: the first relates to bodily harm and the second, to the legal term **enorme lesión**, which means that the buyer (i.e., Coquín) has been cheated of more than half the just price. Coquín thus makes clear that the contract is unfair to him.

[166] **Dicen, cuando uno se ríe...** Coquín means that he will laugh backwards if he weeps from his punishment.

que a todos dientes hacéis;[167]
¿qué os hice yo, que a mí solo
deshacérmelos queréis?[168]
Pero vengo en el partido;[169]
5   que porque ahora me dejéis
ir libre, no le rehúso,
pues por lo menos un mes
me hallo aquí como en la calle
de vida;[170] y al cabo dél
10   no es mucho que tome postas
en mi boca la vejez:[171]
y así voy a examinarme
de cosquillas.[172] ¡Voto a diez,°   = ¡Voto a Dios!
que os habéis de reír![173] Adiós,
15   y veámonos después.

*Vase [COQUÍN y] salen [don] ENRIQUE, don GUTIERRE,
don DIEGO y don ARIAS, y toda la compañía.*

20 ENRIQUE   Déme vuestra Majestad
               la mano.

  REY   Vengáis con bien,°   It's good to see y

---

[167] **que a todos...** *that you show your teeth to everyone* (i.e., in anger).

[168] **¿qué os hice yo...?** Coquín questions why Pedro wants to destroy only Coquín's teeth.

[169] **vengo en el partido** *I agree to the contract.*

[170] **pues por lo menos un mes...** *at least I will find myself unexpectedly with a month of life.* A good case of hiperbaton: *pues por lo menos me hallo un mes de vida aquí, como en la calle.* The expression **hallar una cosa como en la calle** means to find something unexpectedly.

[171] **y al cabo dél...** *at the end of the month (dél = de él), it won't be so bad if old age takes up sentry duty (tome postas) in my mouth.* Coquín means that if he loses the bargain with Pedro, he will look old, as he will be toothless. Coquín accepts the wager as the lesser of two evils, since he will escape the King's anger for one month.

[172] **y así voy a examinarme de cosquillas...** *and thus am I going to test myself as a tickler* (i.e., one who makes people laugh).

[173] **que os habéis de reír** *I will make you laugh!*

	Enrique. ¿Cómo os sentís?	
ENRIQUE	Más, señor, el susto° fue	shock
	que el golpe: estoy bueno.	
GUTIERRE	A mí	

5   vuestra Majestad me dé
la mano, si mi humildad
merece tan alto bien,
porque el suelo que pisáis
es soberano dosel
10   que ilumina de los vientos
uno y otro rosicler;[174]
y vengáis con la salud
que este reino 'ha menester,°   has need
para que os adore España,
15   coronado de laurel.

REY	De vos, don Gutierre Alfonso...	
GUTIERRE	¿Las espaldas me volvéis?[175]	
REY	...'grandes querellas° me dan.	grave complaints
GUTIERRE	Injustas deben de ser.	
REY	¿Quién es, decidme, Leonor,	
	una principal mujer	
	de Sevilla?	
GUTIERRE	Una señora,	
	bella, ilustre y noble es,	
	de lo mejor desta tierra.	
REY	¿Qué obligación la tenéis,	
	a que habéis correspondido	
	necio, ingrato y descortés?	

---

[174] **porque el suelo que pisáis...** Don Gutierre, in his praise of Pedro, means that the ground that the King treads is a sovereign canopy that illuminates the winds of both sunrise and sunset; i.e., all parts of the earth. **Rosicler** usually refers to the glow of dawn, but **uno y otro rosicler** appears to refer to sunrise and sunset, and hence, east and west.

[175] The King has turned his back on Don Gutierre (a good example of an implicit stage direction) because of the complaints he has received from Doña Leonor. Such a gesture was considered a significant insult to a nobleman.

GUTIERRE   No os he de mentir en nada,
que el hombre, señor, de bien
no sabe mentir jamás,
y más delante del Rey.

5   Servíla,° y mi intento entonces   *I courted her*
casarme con ella fue,
si no mudara las cosas
de los tiempos el vaivén.[176]
Visitéla, entré en su casa

10   públicamente; si bien
no le debo a su opinión
de una mano el interés.[177]
Viéndome desobligado,
pude mudarme[178] después;

15   y así, libre deste amor,
en Sevilla me casé
con doña Mencía de Acuña,
dama principal, con quien
vivo, fuera de Sevilla,

20   una casa de placer.[179]
Leonor, mal aconsejada
(que no la aconseja bien
quien destruye su opinión),
pleitos intentó poner[180]

25   a mi desposorio,° donde   *betrothal*
el más riguroso juez°   *judge*

---

[176] A good case of hiperbaton: **Si el vaivén de los tiempos no mudara las cosas** *If the inconstancy of time had not changed things.*

[177] **si bien no le debo...** Gutierre means that he does not owe her reputation (**su opinión**) the interest (i.e., debt) of a hand (in marriage), presumably because he never actually promised to marry her. One recalls, however, that Leonor sees his obligations to her in a different light.

[178] **Viéndome...** *Seeing myself uncompromised, I could change my mind.*

[179] **con quien vivo, fuera de Sevilla...** *with whom I inhabit a country house outside Seville.*

[180] **pleitos intentó poner** *She attempted to file a suit.*

no halló causa contra mí,
aunque ella dice que fue
diligencia del favor.[181]
¡Mirad vos a qué mujer
5   hermosa favor faltara,
si le hubiera menester!
Con este engaño pretende,
puesto que vos lo sabéis,
valerse de vos; y así,
10   yo me pongo a vuestros pies,
donde a la justicia vuestra
dará la espada mi fe,
y mi lealtad la cabeza.[182]

REY   ¿Qué causa tuvisteis, pues,
15   para tan grande mudanza?

GUTIERRE   ¿Novedad tan grande es
mudarse un hombre? ¿No es cosa
que cada día se ve?

REY   Sí; pero de extremo a extremo
20   pasar el que quiso bien,
no fue sin grande ocasión.

GUTIERRE   Suplícoos 'no me apretéis;°   *do not pressure me*
que soy hombre que, en ausencia
de las mujeres, daré
25   la vida por no decir

---

[181] Gutierre's account of the suit which Leonor attempted to bring against him prior to his betrothal to Mencía outlines a rather elaborate legal procedure for questions of honor, including betrothal and marriage. The extent to which these procedures in the theater reflect the realities of everyday life in the seventeeth century continues to be examined by scholars and historians. The intricacies of the honor code in the theater, however, establish a complicated set of procedures for maintaining honor and the recourses one had for the recovery of social honor in the eyes of society. Gutierre here refers to Leonor's earlier claim that Gutierre was given the unfair advantage in the case, a favoritism that Gutierre clearly rejects.

[182] **donde a la justicia vuestra...** Gutierre means that his word (of honor as a gentleman) will offer his sword and his loyalty (will offer) his head to the King's justice.

	cosa indigna de su ser.
REY	¿Luego vos causa tuvisteis?
GUTIERRE	Sí, señor; pero creed
	que si para mi descargo° exoneration
5	hoy hubiera menester
	decirlo, cuando importara
	vida y alma, amante fiel
	de su honor,[183] no lo dijera.
REY	Pues yo lo quiero saber.
10 GUTIERRE	Señor...
REY	Es curiosidad.
GUTIERRE	Mirad...
REY	No me repliquéis;
	que me enojaré, por vida.
15 GUTIERRE	Señor, señor, no juréis;
	que menos importa mucho
	que yo deje aquí de ser
	quien soy, que veros airado.[184]
REY	[*Aparte*] (Que dijese le apuré
20	el suceso en alta voz,
	porque pueda responder
	Leonor, si aquéste me engaña;
	y si habla verdad, porque,
	convencida con su culpa,
25	sepa Leonor que lo sé).
	Decid, pues.
GUTIERRE	A mi pesar
	lo digo; una noche entré

---

[183] **amante fiel de su honor** *as a true lover of her honor.*

[184] **que menos importa mucho** = *que importa mucho menos.* The line scansion requires this word order. Note how Gutierre insists on honoring Leonor's, as well as any woman's honor, by not talking publicly about it. He accedes to the King's will to avoid angering Pedro further. In the following aside, the King reveals that he has provoked Gutierre as part of his strategy of getting at the truth. At the same time, the King is testing Leonor's version of the case.

G accuses L of infidelity

	en su casa, sentí ruido	
	en una cuadra°, llegué,	room
	y al mismo tiempo que ya	
	fui a entrar, pude el bulto ver	
5	de un hombre,[185] que se arrojó	
	del balcón; bajé tras él,	
	y sin conocerle, al fin	
	pudo escaparse por pies.[186]	
ARIAS	[*Aparte*] (¡Válgame el cielo! ¿Qué es esto	
10	que miro?[187])	
GUTIERRE	Y aunque escuché	
	satisfacciones,° y nunca	explanations
	di a mi agravio entera fe,	
	fue bastante esta aprehensión°	suspicion
15	a no casarme; porque	
	si amor y honor son pasiones	
	del ánimo, a mi entender,	
	quien hizo al amor ofensa,	
	se le hace al honor en él;	
20	porque el agravio del gusto	
	al alma toca también.	

Sale [doña] LEONOR.[188]

25 LEONOR	Vuestra Majestad perdone;
	que no puedo detener
	el golpe a tantas desdichas
	que han llegado de tropel.

---

[185] **pude el bulto...** *I was able to see the shape of a man.*

[186] **pudo escaparse por pies** *he could narrowly escape on foot.*

[187] **¿Qué es esto que miro?** refers not to what Don Arias has seen, but heard, Gutierre say. The aside lets the audience know that Arias is implicated in this matter of honor, as will be revealed more fully below.

[188] Remember that Leonor has been concealed behind a screen up to this moment, when she enters onto the stage to defend her honor.

[who is deceiving P — G or L?]

REY   [*Aparte*] (¡Vive Dios, que me engañaba!
             La prueba sucedió bien).[189]

LEONOR   Y oyendo contra mi honor
             presunciones,° fuera ley   presumptions
5   injusta que yo, cobarde,
             dejara de responder;
             que menos perder importa
             la vida, cuando me dé
             este atrevimiento muerte,
10   que vida y honor perder.[190]
             Don Arias entró en mi casa...

ARIAS   Señora, espera, detén
             la voz. Vuestra Majestad,
             licencia, señor, me dé,
15   porque el honor desta dama
             me toca a mí defender.
             Esa noche estaba en casa
             de Leonor una mujer
             con quien me hubiera casado,
20   si de la parca el crüel
             golpe no cortara fiera
             su vida.[191] Yo, amante fiel
             de su hermosura, seguí

---

[189] It seems most likely that the King concludes that Gutierre has been lying, largely because he referred to this possibility in his most recent aside as he attempted to learn the truth of Leonor's complaint against Gutierre (**si aquéste me engaña**) and here Pedro once again uses the verb **engañar**: **¡Vive Dios, que me engañaba!**. No editor comments on this possibly equivocal statement, but the two translators of the play diverge in their interpretations. Fox/Hindley translate Pedro's **¡Vive Dios, que me engañaba!** as referring to Leonor, while Campbell believes that it refers to Gutierre.

[190] Leonor means that this attack on her honor (**cuando me dé este atrevimiento muerte**) will kill her both literally and figuratively, as honor is equated to life in the Golden Age theater.

[191] **si de la parca...** Don Arias means that if the cruel blow of death (**el cruel golpe de la parca**) had not cut short the life of the woman whom he courted in Leonor's house, he would have married her. Note that an umlaut appears in **crüel** to indicate dieresis, thus creating an eight-syllable verse.

A intervenes to exculpate L

          sus pasos, y en casa entré
          de Leonor (atrevimiento
          de enamorado) sin ser
          parte a estorbarlo Leonor.[192]
5   Llegó don Gutierre, pues;
          temerosa, Leonor dijo
          que me retirase a aquel
          aposento; yo lo hice.
          ¡Mil veces mal haya, amén,
10   quien de una mujer se rinde
          a admitir el parecer![193]
          Sintióme, entró, y a la voz
          de marido, me arrojé
          por el balcón; y si entonces
15   volví el rostro a su poder
          porque era marido, hoy,
          que dice que no lo es,
          vuelvo a ponerme delante.
          Vuestra Majestad me dé
20   campo° en que defienda altivo   *dueling ground*
          que no he faltado a quien es
          Leonor, pues a un caballero
          se le concede la ley.
GUTIERRE   Yo saldré donde...
25

                [Empuñan].[194]

---

[192] **sin ser parte...** *without Leonor being able to stop it* (i.e., my actions).

[193] **¡Mil veces mal haya...** *Curses on any man who listens to the advice (**el parecer**) of a woman in such a compromising situation.*

[194] Don Arias fled when he mistakenly thought that Gutierre was Leonor's husband. Knowing now that this is not the case, Arias indicates his willingness as a gentleman to defend her honor in public, which leads both noblemen to draw their swords in the presence of the King. Don Arias and Don Gutierre through this act commit a crime against the person of the King, as Pedro indicates below. Such an action was punishable by death, as it placed the security of the king both as an individual, as well as his office, in grave jeopardy. *La ley de la presencia real* stated that no one ever draws a weapon in the

REY   ¿Qué es esto?
                             ¿Cómo las manos tenéis
                             en las espadas delante
5   de mí? ¿No tembláis de ver
                             'mi semblante?° Donde estoy,   my countenance
                             ¿hay soberbia ni altivez?[195]
                             Presos los llevad al punto;
                             en dos torres los tened;
10   y agradeced que no os pongo
                             las cabezas a los pies.

                             Vase [el REY].

15 ARIAS   Si perdió Leonor por mí
                             su opinión, por mí también
                             la tendrá; que esto se debe
                             al honor de una mujer.

20   *Vase [don ARIAS].*

GUTIERRE   [*Aparte*] (No siento en desdicha tal
                             ver riguroso y crüel
                             al Rey; sólo siento que hoy,
25   Mencía, 'no te he de ver).°   I am not to see yo

                             Vase [don GUTIERRE].

ENRIQUE   [*Aparte*] (Con ocasión de la caza,[196]
30   preso° Gutierre, podré   arrested

---

presence of the king.
    [195] **Dónde estoy, ¿hay...** Angered and insulted, the King asks how arrogance and
pride dare reveal themselves in this manner.
    [196] **(Con ocasión de la caza...** *(With the pretext of hunting...*

ver esta tarde a Mencía).
Don Diego, conmigo ven;
que 'tengo de porfïar°   I have to persevere
hasta morir, o vencer.

5

Vanse [don ENRIQUE, don DIEGO, y acompañamiento].

LEONOR   ¡Muerta quedo! ¡Plegue a Dios,
                     ingrato, aleve° y crüel,   treacherous
10   falso, engañador, fingido,°   dissembler
                     sin fe, sin Dios y sin ley,
                     que como inocente pierdo
                     mi honor, venganza me dé
                     el cielo! ¡El mismo dolor
15   sientas que siento, y a ver
                     llegues,¹⁹⁷ bañado en tu sangre,
                     deshonras tuyas, porque
                     mueras con las mismas armas
                     que matas, amén, amén!
20   ¡Ay de mí!, mi honor perdí.
                     ¡Ay de mí!, mi muerte hallé.¹⁹⁸

Vase [doña Leonor].

---

¹⁹⁷ **¡El mismo dolor... llegues** *May you feel the same pain I feel, and may it come to pass that you see.*

¹⁹⁸ Leonor's curse on Gutierre and his honor ends with her equating life and honor, as we have seen before. In later scenes, look for similarities to the images in Leonor's last speech, in particular the words **bañado en tu sangre**.

El médico de su honra

SEGUNDA JORNADA

Salen JACINTA y don ENRIQUE como a escuras.[1]

JACINTA	Llega con silencio.
ENRIQUE	Apenas
	los pies en la tierra puse.[2]
JACINTA	Éste es el jardín, y aquí,

pues de la noche te encubre
el manto,[3] y pues don Gutierre
está preso, no hay que dudes
sino que conseguirás
vitorias° de amor tan dulces.[4]   = victorias

ENRIQUE   Si la libertad, Jacinta,
que te prometí, presumes
poco premio a bien tan grande,
pide más, y no te excuses
por cortedad: vida y alma

es bien que por tuyas juzgues.[5]

---

[1] *como a escuras* as if it were dark (a escuras = a oscuras). Golden Age plays were performed during the afternoon in full light, so the actors' gestures communicated to the audience that a scene was taking place at night. The location of the scene is Gutierre's country house, specifically, the garden therein. The verse form is the *romance* in *ú-e*.

[2] **Apenas los pies...** *My feet have scarcely touched the ground.* Note the motifs of silence and hiding in this scene.

[3] **pues de la noche te encubre el manto...** *since the mantle of the night is covering you.*

[4] **no hay que dudes...** *there is (no reason) for you to doubt that you will attain such sweet victories of love.* Remember that Jacinta is a branded slave; allowing Enrique to enter Gutierre's garden while the latter is in prison is an act of betrayal of both master and mistress.

[5] **Si la libertad...** To gain access to Mencía in the garden, Enrique has bribed Jacinta with the promise of her freedom from slavery. Note how Enrique is willing to grant

JACINTA	Aquí mi señora siempre
	viene, y tiene por costumbre
	pasar un poco la noche.
ENRIQUE	Calla, calla, no pronuncies

5 'otra razón,° porque temo   another word
que los vientos nos escuchen.

JACINTA	Ya, pues, porque tanta ausencia
	no me indicie, o no me culpe
	deste delito, no quiero

10 faltar de allí.⁶

Vase [JACINTA].

ENRIQUE   Amor ayude
15 mi intento. Estas verdes hojas
me escondan y disimulen;
que no seré yo el primero
que a vuestras espaldas hurte
rayos al sol: Acteón
20 con Dïana me disculpe.⁷

*Escóndese [don ENRIQUE], y sale doña MENCÍA
y criadas.*

Jacinta greater gifts beyond her freedom (**y no te excuses por cortedad,** *and don't hesitate [to ask for more] out of embarrassment, or timidity*), as well as the exaggeration of his speech in saying that she, a slave, may consider his life and soul hers.

⁶ **porque tanta ausencia...** *so that such a long absence will not bring attention, or suspicion, to me,* where the verb **indiciar** is used in the subjunctive after **porque.** Jacinta is concerned that her absence may point to her complicity in this act, which she calls an offense (**delito**), and hence wants to return to where Mencía is (**no quiero faltar de allí**).

⁷ **Estas verdes hojas...** Enrique asks that the green leaves of the garden hide and mask him (i.e., his intentions). He cites the example of **Acteon,** a hunter who spied on Diana, goddess of the hunt and of chastity, as she bathed. The irony of the analogy is that Diana changed Acteon into a stag; subsequently Acteon, not recognized by his own hunting dogs, was torn to pieces. Consider possible analogies with later actions in our play.

garden   *sleep*
p. 67 l.11

MENCÍA	¡Silvia, Jacinta, Teodora!
JACINTA	¿Qué mandas?
MENCÍA	Que traigas luces;

y venid todas conmigo
a divertir pesadumbres
de la ausencia de Gutierre,
donde el natural presume
vencer hermosos países
que el arte dibuja y pule.[8]
¡Teodora!

TEODORA	Señora mía.
MENCÍA	Divierte con voces dulces

esta tristeza.

TEODORA	Holgaréme

que de letra y tono gustes.[9]

Canta TEODORA *y duérmese*
[doña] MENCÍA.

JACINTA	No cantes más, que parece

que ya el sueño al alma infunde
sosiego y descanso;[10] y pues
hallaron sus inquietudes
en él sagrado,[11] nosotras
no la despertemos.

---

[8] **donde el natural...** *where nature claims to surpass the beautiful drawings that art draws and embellishes.* Mencía is describing the beauties of the nature in her garden, where she hopes to distract some of her concerns caused by Gutierre's absence.

[9] **Holgaréme...** *I will be happy if the words and tune are pleasing to you.* Some modern editors have supplied a song at this juncture of the text, but there is none in any of the seventeenth-century texts of the play. Nevertheless, Teodora does sing and Mencía falls asleep. Consider the symbolism of the garden, music, and sleep in this scene.

[10] **que ya el sueño...** *for sleep now fills her soul with calm and repose.*

[11] **y pues hallaron...** *and since her cares have found sanctuary in sleep* (**en él** = **en el sueño**).

maid betrays mistress

TEODORA   Huye
con silencio la ocasión.[12]

JACINTA   [*Aparte*] (Yo lo haré, porque la busque
quien la deseó.[13] ¡O crïadas,

5   y cuántas honras ilustres
se han perdido por vosotras!)

Vanse, y sale don ENRIQUE.

10 ENRIQUE   Sola se quedó. No duden
mis sentidos tanta dicha,
y ya que a esto me dispuse,
pues la ventura me falta,
tiempo y lugar me aseguren.

15   ¡Hermosísima Mencía!

MENCÍA   ¡Válgame Dios!

Despierta.

20 ENRIQUE   'No te asustes.°   don't be frightened.

MENCÍA   ¿Qué es esto?

ENRIQUE   Un atrevimiento,
a quien es bien que disculpen
tantos años de esperanza.

25 MENCÍA   ¿Pues, señor, vos...

ENRIQUE   No te turbes.[14]

---

[12] **Huye con...** Teodora means that the likelihood (**la ocasión**) (of waking Mencía) disappears (**huye**) with silence (i.e., they should leave silently while Mencía sleeps).

[13] **porque la busque...** Jacinta in her aside means that she will leave quietly so that he who desired her (Enrique) can find her (Mencía). Jacinta in the same aside makes it clear that she is aware of her treachery to the honor of Mencía and Gutierre's household.

[14] **¿Pues, señor...** This and the following six verses constitute stichomythic dialogue, a common dramatic technique often found in Calderón's plays, in which alternating partial lines of two speakers form a full line of verse. Mencía says one entire sentence in these verses, revealing her concerns for her honor, while Enrique attempts to quiet her fears. Here we see that the thoughts of Mencía and Enrique contrast with one another

MENCÍA	...desta suerte...
ENRIQUE	No te alteres.
MENCÍA	...entrasteis...
ENRIQUE	No te disgustes.
5 MENCÍA	...en mi casa sin temer
	que así a una mujer destruye,
	y que así ofende un vasallo
	tan generoso y ilustre?[15]
ENRIQUE	Esto es tomar tu consejo.
10	Tú me aconsejas que escuche
	disculpas de aquella dama,
	y vengo a que te disculpes
	conmigo de mis agravios.[16]
MENCÍA	Es verdad, la culpa tuve;
15	pero si he de 'disculparme,° *excuse myself*
	tu Alteza, señor, no dude
	que es en orden a mi honor.[17]
ENRIQUE	¿Que ignoro, acaso presumes
	el respeto que les debo
20	a tu sangre y tus costumbres?
	El achaque de la caza,
	que en estos campos dispuse,
	no fue fatigar la caza,

---

to reflect the lack of communication, as well as the tension, between them.

[15] **un vasallo tan generoso y ilustre?**... *such a noble and distinguished vassal* (i.e., Gutierre).

[16] **Esto es tomar...** Enrique justifies his boldness in meeting Mencía in this manner in terms of the **consejo** which she gave him in Act I (i.e., that his aggrieved friend should let the lady tell her side of the story). Mencía has clearly told Enrique that he is destroying her (honor) and the honor of her husband just above. Interestingly, Enrique considers himself the aggrieved party when he says **vengo a que te disculpes conmigo de mis agravios**.

[17] **no dude que...** Mencía makes it clear to Enrique that any explanation that she gives him now is with regard to her honor. Her statement **la culpa tuve** can mean that she is to blame for suggesting that Enrique return for an explanation, but also that she feels some degree of responsibility for Enrique's frustrations over their ill-fated relationship in the past.

estorbando que saluden
a la venida del día,
sino a ti, garza, que subes
tan remontada, que tocas
5   por las campañas azules
de los palacios del sol
los dorados balaústres.[18]

MENCÍA   Muy bien, señor, vuestra Alteza
a las garzas atribuye
10   esta lucha; pues la garza
de tal instinto presume,
que volando hasta los cielos,
rayo de pluma sin lumbre,[19]
'ave de fuego° con alma,   *a fiery bird*
15   con instinto 'alada nube,°   *a winged cloud*
parda cometa[20] sin fuego,
quiere que su intento burlen
azores reales; y aun dicen
que cuando de todos huye,
20   conoce el que ha de matarla;
y así, antes que con él° luche,   *= el azor*
el temor hace que tiemble,
se estremezca, y se espeluce.[21]

---

[18] ¿Que ignoro... Although Enrique protests that he respects Mencía's honor (**tu sangre y costumbres**), he proceeds to tell her that he has used the pretext of the hunt (**el achaque de la caza**), not to harass the game (**no fue fatigar la caza**), but rather to allow him to pursue her, the heron or **garza**, who rises so high (in the air) that she touches in the blue fields (i.e., the sky) the golden balustrades of the sun's palaces.

[19] rayo de... *a ray of feathers without light.*

[20] parda cometa *a dark grey comet.* The word *cometa* was both masculine and feminine in the Golden Age; hence the feminine form **parda**. Some editors have followed the editor Vera Tassis by reproducing **pardo cometa**; I have followed Cruickshank, Fox/Hindley and MacCurdy.

[21] Muy bien, señor... Mencía calls her pursuit by Enrique a **lucha** and continues with the hunting metaphor of her as the **garza** and Enrique as one of the **azores reales** (goshawks). She wants their (i.e., Enrique's) intentions to be frustrated (**la garza... quiere que [los] azores reales burlen su intento**). She concludes the analogy expressing

	Así yo, viendo a tu Alteza	
	quedé muda, absorta° estuve,	transfixed
	conocí el riesgo, y temblé;	
	tuve miedo, y horror tuve:	
5	porque mi temor no ignore,	
	porque mi espanto no dude,	
	que es quien me ha de dar la muerte.	
ENRIQUE	Ya llegué a hablarte, ya tuve	
	ocasión; no he de perdella.²²	
10 MENCÍA	¿Cómo esto los cielos sufren?	
	Daré voces.	
ENRIQUE	A ti misma	
	te infamas.	
MENCÍA	¿Cómo no acuden	
15	a darme favor las fieras?	
ENRIQUE	Porque de enojarme huyen.²³	

*Dentro don GUTIERRE.*²⁴

20 GUTIERRE	'Ten ese estribo,° Coquín,	hold this stirrup
	y llama a esa puerta.	
MENCÍA	¡Cielos!	

---

her tremendous fear of her pursuer, who will be the cause of her death. Note how Mencía began this speech on a more formal note with **vuestra Alteza** and at this point she now addresses Enrique as **tu Alteza**, most likely to appeal to his sense of decency to leave her alone, with her honor intact. Several editors point out that there is a long-standing tradition in Spanish lyric poetry of the love hunt, in which the heron is pursued by its lover. Part of the tradition includes the ability of the heron to tell which bird would be its killer.... **el temor hace que... se espeluce** *fear makes her (the heron's) hair stand on end.* In modern Spanish the verb **espeluznar** is not reflexive.

²² **no he de perdella** *I will not lose this opportunity (**ocasión**) [to talk with you].* The **la** in the assimilated form **perdella** refers to **ocasión**.

²³ **¿Como no acuden...** Mencía and Enrique continue with the hunting imagery: she wonders why the wild beasts do not come to her aid, while Enrique answers that they flee out of fear of angering him.

²⁴ ***Dentro don...*** Gutierre is off stage (***Dentro***), which in this context means outside his house. The verse form changes to *redondillas*.

hiding

	No mintieron mis recelos;[25]
	llegó de mi vida el fin.
	Don Gutierre es éste, ¡ay Dios!
ENRIQUE	¡O qué infelice nací!
MENCÍA	¿Qué ha de ser, señor, de mí,
	si os halla conmigo a vos?
ENRIQUE	¿Pues qué he de hacer?
MENCÍA	Retiraros.° *leave*
ENRIQUE	¿Yo me tengo de esconder?
MENCÍA	El honor de una mujer
	a más que esto ha de obligaros.
	No podéis salir (¡soy muerta!),
	que como allá no sabían
	mis crïadas lo que hacían,
	abrieron luego la puerta.
	Aun salir no podéis ya.
ENRIQUE	¿Qué haré en tanta confusión?
MENCÍA	Detrás de ese pabellón,° *canopy over bed*
	que en 'mi misma° cuadra está, *my own*
	os esconded.
ENRIQUE	No he sabido,
	'hasta la ocasión presente,° *until this moment*
	qué es temor. ¡O qué valiente
	debe de ser un marido!

Escóndese.[26]

MENCÍA	Si, inocente la mujer,
	no hay desdicha que no aguarde,
	¡válgame Dios, qué cobarde

Line numbers in margin: 5, 10, 15, 20, 25, 30

---

[25] **No mintieron mis recelos** *My forebodings did not lie.*

[26] On the one hand, Enrique feels cowardly in hiding thus, while at the same time he knows that he must do so to save Mencía's honor. Consider the various functions of the dramatic technique of having characters hide in the play.

husband & lover   *oblig*

culpada debe de ser![27]

Salen don GUTIERRE y COQUÍN.

5	GUTIERRE	Mi bien, señora, los brazos[28]
		darme una y mil veces puedes.
	MENCÍA	Con envidia destas redes,
		que en tan amorosos lazos
		están inventando abrazos.[29]
10	GUTIERRE	No dirás que no he venido
		a verte.

	MENCÍA	Fineza° ha sido	gallantry
		de amante firme y constante.	
	GUTIERRE	No dejo de ser amante	
15		yo, mi bien, por ser marido;	
		que por propia la hermosura	
		no desmerece jamás	
		las finezas; antes° más	rather
		las alienta y asegura:	
20		y así a su riesgo procura	
		los medios, las ocasiones.	
	MENCÍA	En obligación me pones.	
	GUTIERRE	El alcaide° que conmigo	warden of the pr
		está, es mi deudo° y amigo,	relative
25		y quitándome prisiones	
		al cuerpo, más las echó	
		al alma, porque me ha dado	
		ocasión de haber llegado	
		a tan grande dicha yo,	

---

[27] **Si, inocente...** Based on this speech, Mencía clearly considers herself to be innocent in these circumstances.

[28] The verse form changes to *décimas*.

[29] **Con envidia...** In response to Gutierre's request that Mencía embrace him one and a thousand times, Mencía responds that she will do so, with envy of the nets (or trellises of the vines and foliage) that she observes in the garden.

	como es a verte.
MENCÍA	¿Quién vio
	mayor gloria...
GUTIERRE	...que la mía?;
5	aunque, si bien advertía,
	hizo muy poco por mí
	en dejarme que hasta aquí
	viniese; pues si vivía
	yo sin alma en la prisión,
10	por estar en ti, mi bien,
	darme libertad fue bien,
	para que en esta ocasión
	alma y vida con razón
	otra vez se viese unida;
15	porque estaba dividida,
	teniendo en prolija calma,
	en una prisión el alma,
	y en otra prisión la vida.³⁰
MENCÍA	Dicen que dos instrumentos
20	conformemente templados,
	por los ecos dilatados
	comunican los acentos:
	tocan el uno, y los vientos
	hiere el otro, sin que allí
25	nadie le toque; y en mí
	esta experiencia se viera;
	pues si el golpe allá te hiriera,

---

³⁰ **alma y vida con razón...** Note how **alma** and **vida** are viewed separately as singular antecedents of **se viese unida** and **estaba dividida**. Fox/Hindley translate the line **teniendo en prolija calma / en una prisión el alma** as "my soul tediously becalmed in one prison." In other words, Gutierre means that his soul (and later his life) were experiencing a prolonged sadness or anxiety (while they were separated). In the Golden Age **calma** meant sadness, anxiety, and as a nautical term, the stillness of the wind. Note the elaborate language of love being employed by Gutierre and Mencía here, even as married people.

	muriera yo desde aquí.[31]
COQUÍN	¿Y no le darás, señora,

muriera yo desde aquí.[31]

COQUÍN   ¿Y no le darás, señora,
tu mano por un momento
a un preso, de cumplimiento;[32]
5   pues llora, siente y ignora°   *he knows not*
por qué siente, y por qué llora
y está su muerte esperando
sin saber por qué, ni cuándo?
Pero...

10 MENCÍA   Coquín, ¿qué hay en fin?

COQUÍN   Fin al principio en Coquín
hay, que esto te estoy contando;
mucho el Rey me quiere, pero
si el rigor pasa adelante,
15   mi amo será muerto andante,
pues irá con escudero.[33]

MENCÍA   [*a don GUTIERRE*] Poco regalarte espero;[34]
porque como no aguardaba

---

[31] Mencía compares herself and Gutierre to two perfectly tuned instruments (**conformemente templados**); if one is plucked, the other produces a comparable sound. If he should suffer and be wounded **allá** (in prison), she would likewise die **aquí** (at home).

[32] **a un preso, de cumplimiento...** I have followed the punctuation in MacCurdy as well as his interpretation: Coquín asks if Mencía will give him, a prisoner, her hand for a moment of ceremony (i.e., as a gesture of politeness and formality). I find problematic Wardropper's translation of "a complimentary prisoner" and Fox/Hindley's "an honorary prisoner."

[33] **Fin al principio...** Coquín puns on Mencía's simple question, ¿qué hay en fin?, by responding that early in his life (**al principio**) he is near his end (**fin**, i.e., his death). He adds ironically that although the King loves him a great deal, if the King's sternness (**el rigor**) continues, his master (Gutierre) will be a corpse-errant, as he accompanies his squire (**escudero**) Coquín in the same fate, that of death. Gutierre will be a **muerto andante** rather than a **caballero andante** as in the tradition of both **Don Quijote** and the chivalry novels. Coquín's ingenuity is once again demonstrated, as he joins his fate, based on the wager proposed earlier by the King, with that of Gutierre, who committed a crime against the person of the King when he drew his sword in the presence of the Monarch in Act I.

[34] **Poco regalarte...** *I cannot hope to entertain you much.*

                        huésped,[35] descuidada estaba.
                        Cena os quiero apercibir.°   to prepare
GUTIERRE   Una esclava puede ir.
MENCÍA   ¿Ya, señor, no va una esclava?
5   Yo lo soy, y lo he de ser.
                        Jacinta, venme a ayudar.[36]
                        [Aparte] (En salud me he de curar.
                        Ved, honor, cómo ha de ser,
                        porque me he de resolver
10   a una temeraria° acción).   reckless

                        Vanse las dos.

GUTIERRE   Tú, Coquín, a esta ocasión
15   aquí te queda, y extremos
                        olvida,[37] y mira que habemos°   = modern **hemos**
                        de volver a la prisión
                        antes del día; ya falta
                        poco; aquí puedes quedarte.
20 COQUÍN   Yo quisiera aconsejarte
                        una industria, la más alta
                        que el ingenio humano esmalta:[38]
                        en ella tu vida está.

---

[35] **como no aguardaba huésped** *as I did not expect a guest* (i.e., Gutierre).

[36] Jacinta presumably enters the stage here; she exits shortly with Mencía after her mistress finishes her present speech. Note the metaphor of Mencía's being a slave (i.e., to Gutierre's love). Also consider the use of the imagery associated with health (**la salud**) throughout the play.

[37] **Tú, Coquín...** Scholars interpret the first three lines of Gutierre's speech differently. Fox/Hindley translate as "You, Coquín, stay here now and stop fussing." Wardropper thinks that Gutierre tells Coquín to stay here (i.e., in this room) and that he is thinking of following his wife to the kitchen, with **extremos olvida** meaning "don't make a fuss about it." I prefer to translate **extremos olvida** as *forget about your exaggerated cares.* In other words, Gutierre does not take seriously Coquín's concerns about imprisonment and impending death, as revealed recently to Mencía in his speech to her.

[38] **una industria...** *the most incredible plan that human ingenuity could embellish.*

honour v *life*

	¡O qué industria...	
GUTIERRE	Dila ya.	
COQUÍN	...para salir sin lisión,°	= lesión
	sano y bueno de prisión!	
5 GUTIERRE	¿Cuál es?	
COQUÍN	No volver allá.	
	¿No estás bueno? ¿No estás sano?	
	Con no volver, claro ha sido	
	que sano y bueno has salido.[39]	
10 GUTIERRE	¡Vive Dios, necio, villano,°	you villain
	que te mate por mi mano!	
	¿Pues tú me has de aconsejar	
	tan vil° acción, sin mirar	disgraceful
	la confïanza que aquí	
15	hizo el alcaide de mí?	
COQUÍN	Señor, yo llego a dudar	
	(que soy más desconfïado)	
	de la condición del Rey;	
	y así, el honor de esa ley	
20	no se entiende en el crïado;	
	y hoy estoy determinado	
	a dejarte y no volver.[40]	

---

[39] **sano y bueno has salido...** In addition to echoing the play's general theme of **la salud**, Coquín in this and his previous speech with Gutierre puns on the various meanings of **sano** found in *Diccionario de Autoridades*, as they relate to safety (*seguro y sin riesgo*), moral behavior (*lo bueno, concertado y sin defecto; el hombre sincero y de buena intención*), and finally integrity, including as it relates to health (*lo que está entero, sin lesión*). Coquín may also be punning on the term *sano y salvo y sin cautela*, which in *Don Quijote* (see Fontecha, p. 330) referred to those who returned free from captivity without any obligation to pay a ransom (i.e., Coquín means that neither he nor Gutierre has any further obligations in their present liberated state).

[40] **yo llego a dudar...** Coquín indicates his lack of confidence in the King's disposition (which in Coquín's mind refers most specifically to the wager with Pedro, and only secondarily to Gutierre's situation), as well as his different attitude toward honor, as a servant (**criado**). Coquín wants to escape with his life (**sin lisión, / sano y bueno de prisión**), rather than share the same fate as Gutierre as his servant. Remember that Coquín employed the term **enorme lesión** in referring to the wager proposed by the

life > honour

GUTIERRE	¿Dejarme tú?
COQUÍN	¿Qué he de hacer?
GUTIERRE	Y de ti, ¿qué han de decir?
COQUÍN	¿Y heme de dejar morir

5　　　　　　　por sólo bien parecer?⁴¹
　　　　　　　Si el morir, señor, tuviera
　　　　　　　descarte o enmienda alguna,
　　　　　　　'cosa que° de dos la una　　　　　　　　　　　supposing that
　　　　　　　un hombre hacerla pudiera,
10　　　　　　yo probara la primera
　　　　　　　por servirte;⁴² mas ¿no ves
　　　　　　　que rifa la vida es?⁴³
　　　　　　　Entro en ella, vengo y 'tomo
　　　　　　　cartas,° y piérdola: ¿cómo　　　　　　　　　I play cards
15　　　　　　me desquitaré después?⁴⁴
　　　　　　　Perdida se quedará,
　　　　　　　si la pierdo por tu engaño,
　　　　　　　hasta, hasta ciento y un año.⁴⁵

20　　　　　*Sale [doña]* MENCÍA *sola, muy alborotada.°*　　　upset

King in Act I. Gutierre is obliged to return to prison because of his obligation to the warden, who temporarily set him free to visit Mencía.

⁴¹ **¿Y heme de...** *And should I let myself die solely for the sake of appearances?* Note that **bien parecer** here is a synonym for **el quedirán** as it relates to one's reputation, or social honor.

⁴² **Si el morir...** Coquín continues to try to justify his position by telling Gutierre that if death could have [the possibility of being] discarded (**descarte**) or rectified (**enmienda**), and if he could choose one or the other, he would try the first (i.e., he would die) in order to serve his master. In this speech Coquín employs the imagery of card playing; here he introduces the term **descarte** (the discarding of cards).

⁴³ **rifa la vida es** *life is a game of chance.*

⁴⁴ **¿cómo me desquitaré...** Coquín continues with the card imagery, asking how he can win back [the game of life] afterwards (i.e., if he lets himself get killed by returning to prison).

⁴⁵ **Perdida se quedará ..** Coquín finishes his speech saying that it (i.e., life and the card game it represents) will be lost if he loses it through Gutierre's folly (= **engaño**, i.e., his mistaken sense of honor, in Coquín's view) for one hundred and one years (i.e., for a long time).

light/dark

MENCÍA	Señor, 'tu favor° me da.	your help
GUTIERRE	¡Válgame Dios! ¿Qué será?	
	¿Qué puede haber sucedido?	
5 MENCÍA	Un hombre...	
GUTIERRE	¡Presto!	
MENCÍA	...escondido	
	en mi aposento he topado,	
	encubierto y rebozado.[46]	
10	Favor, Gutierre, te pido.	
GUTIERRE	¿Qué dices? ¡Válgame el cielo!	
	Ya es forzoso que me asombre.	
	¿Embozado[47] en casa un hombre?	
MENCÍA	Yo le vi.	
15 GUTIERRE	Todo soy hielo.	
	Toma esa luz.	
COQUÍN	¿Yo?	
GUTIERRE	El recelo°	fear
	pierde, pues conmigo vas.	
20 MENCÍA	Villano, ¿cobarde estás?	
	Saca tú la espada; yo	
	iré. La luz se cayó.[48]	

Al tomar la luz, la mata disimuladamente,

25   *y salen JACINTA y [don] ENRIQUE*

siguiéndola.[49]

---

[46] **Un hombre...** Mencía means that she came upon (i.e., discovered) a man, covered and muffled up, [who was] hidden in her room.

[47] **embozado** *muffled up (with one's face covered).*

[48] Coquín's fear is characteristic of the comic figure in Golden Age theater. Note also that the **luz** referred to here, or **luces** elsewhere in the play, are candles. The audience was accustomed to imagining night scenes in relation to the actors' gestures, the dialogue, and the action on the stage. Consider the symbolism of light and darkness here and in the play in general.

[49] *Al tomar la luz...* As Mencía accompanies Gutierre to her room, she extinguishes the light (candle) that she has taken from Coquín as if by accident, thereby allowing

GUTIERRE	Esto me faltaba más;
	pero a escuras entraré.[50]
JACINTA	[*A don* ENRIQUE] Síguete, señor, por mí;
	seguro vas por aquí,
	que toda la casa sé.[51]
COQUÍN	¿Dónde iré yo?
GUTIERRE	Ya topé° I've bumped into
	el hombre.

Coge a COQUÍN.

COQUÍN	Señor, advierte...° take heed
GUTIERRE	¡Vive Dios, que desta suerte,
	hasta que sepa quién es,
	le he de tener!; que después
	le darán mis manos muerte.
COQUÍN	Mira, que yo...
MENCÍA	[*Aparte*]('¡Qué rigor!° how terrible!
	Si es que con él ha topado,
	¡ay de mí!)
GUTIERRE	Luz han sacado.

Sale JACINTA *con luz.*

¿Quién eres, hombre?

Jacinta to guide Enrique out of the house.

[50] There is no stage direction in the early texts, but the early editor Vera Tassis has Gutierre exit through one door and enter via the other door on the stage (Cruickshank, n. 1311), while Cruickshank in his edition suggests that Gutierre either leaves the stage here to return four verses later, or he moves toward the door but remains on stage. Fox/Hindley prefer to have Gutierre remain on stage while Jacinta speaks to Don Enrique in the next speech. A director would make these decisions with regard to the performance of the play.

[51] Enrique and Jacinta must leave the stage at this point, although there is no stage direction in the early texts.

COQUÍN	Señor,
	yo soy.
GUTIERRE	¡Qué engaño! ¡Qué error!
COQUÍN	¿Pues yo no te lo decía?
5 GUTIERRE	Que me hablabas presumía;
	pero no que eras el mismo
	que tenía.⁵² ¡O, ciego abismo
	del alma y paciencia mía!
MENCÍA	[*A Jacinta*] ¿Salió ya, Jacinta?
10 JACINTA	[*A Mencía*] Sí.
MENCÍA	Como esto en tu ausencia pasa,
	mira bien toda la casa;
	que como saben que aquí
	no estás, se atreven ansí
15	ladrones.⁵³
GUTIERRE	A verla voy.
	Suspiros al cielo doy,
	que mis sentimientos lleven,⁵⁴
	si es que a mi casa se atreven,
20	por ver que en ella no estoy.

*Vase [don GUTIERRE].*⁵⁵

JACINTA	Grande atrevimiento fue
25	determinarte, señora,

---

⁵² **Que me hablabas...** Gutierre recognized Coquín's voice, but he did not think that Coquín was the man he had taken hold of.

⁵³ **se atreven ansí...** *thieves dare thus (to enter your house).*

⁵⁴ **que mis sentimientos lleven** *let them (my sighs) bear my feelings.*

⁵⁵ Fox/Hindley believe that Coquín would exit with Gutierre at this moment so that Gutierre and Mencía would later be alone to talk. The texts all read **Vase** only. While Fox/Hindley may be right, a director might decide to have Coquín remain on stage as a silent witness to the exchange between the couple, since Coquín is an important *testigo* to so much of the relationship between Gutierre and Mencía, especially later in the play.

	a tan grande acción agora.[56]
MENCÍA	En ella mi vida hallé.[57]
JACINTA	¿Por qué lo hiciste?
MENCÍA	Porque

si yo no se lo dijera
y Gutierre lo sintiera,
la presunción era clara,
pues no se desengañara
de que yo cómplice era;[58]
y no fue dificultad
en ocasión tan crüel,
haciendo del ladrón fiel,
engañar con la verdad.[59]

Sale don GUTIERRE, y debajo de
la capa hay una daga.[60]

GUTIERRE ¿Qué ilusión, qué vanidad
desta suerte 'te burló?°   deceived you
Toda la casa vi yo;
pero en ella no topé

---

[56] Grande atrevimiento... *It was a great (act of) daring to decide on such an extreme (=* grande) *course of action now.*

[57] En ella... *Through it (this course of action) did I save my life.*

[58] Notice how Mencía is convinced that Gutierre would not have believed (**pues no se desengañara**) that she was not an accomplice (**cómplice**) if she had told him the truth.

[59] **haciendo del ladrón...** In these two verses Mencía echoes her earlier strategy of claiming that thieves have entered the house in Gutierre's absence, while at the same time there is a reminiscence of a Spanish proverb which says that if you want to make a thief an honest man, then trust him. Consider the various levels of meaning relating to truth and deception in this complex scene. Furthermore, in a sense Enrique was a "thief" of Mencía's honor in entering her house as he did.

[60] *debajo de la capa...* Cruickshank points out that Gutierre is still wearing the cape that he donned while traveling from Seville to his countryhouse. We do not yet know until Gutierre's aside below that, in his search of the house, he found the dagger (**daga**) which is now beneath his cape.

sombra de que verdad fue
lo que a ti te pareció.
[*Aparte*] (Mas es engaño, ¡ay de mí!,
que esta daga que hallé, ¡cielos!,
5   con sospechas y recelos
previene mi muerte en sí;
mas no es esto para aquí).
Mi bien, mi esposa, Mencía;
ya la noche en sombra fría
10 su manto va recogiendo
y cobardemente huyendo
de la hermosa luz del día.
Mucho siento, claro está,
el dejarte en esta parte,
15 por dejarte, y por dejarte
con este temor; mas ya
es hora.[61]

MENCÍA   Los brazos da
a quien te adora.

20 GUTIERRE   El favor
estimo.[62]

Al abrazalla [don GUTIERRE,
Doña MENCÍA] *ve la daga.*

25

MENCÍA   ¡Tente, señor!
¿Tú la daga para mí?
En mi vida te ofendí.
Detén la mano al rigor,

---

[61] Gutierre regrets the very fact of leaving her (**por dejarte**), as well as the fact of leaving her with this fear (**y por dejarte con este temor**). He must return to prison, as dawn is approaching.

[62] **El favor estimo** *I appreciate your sweet gesture* (i.e., her embrace).

	detén...[63]	
GUTIERRE	¿De qué estás turbada,[64]	
	mi bien, mi esposa, Mencía?	
MENCÍA	Al verte ansí, presumía	
5	que ya en mi sangre bañada,	
	hoy moría desangrada.[65]	
GUTIERRE	Como a ver la casa entré,	
	así esta daga saqué.[66]	
MENCÍA	Toda soy una ilusión.	
10 GUTIERRE	¡Jesús, qué imaginación!	
MENCÍA	En mi vida te he ofendido.	
GUTIERRE	¡Qué necia disculpa ha sido!	
	Pero suele una aprehensión	
	tales miedos prevenir.[67]	
15 MENCÍA	Mis tristezas, mis enojos,	
	en tu ausencia estos antojos	
	suelen, mi dueño, fingir.[68]	
GUTIERRE	Si yo pudiere° venir,	° *future subjunctive*
	vendré a la noche, y adiós.	
20 MENCÍA	Él° vaya, mi bien, con vos.	° Dios

---

[63] Presumably there is no reason for Mencía to conclude that Gutierre intends to hurt her, other than fears caused by her own feelings of guilt. The audience knows that the dagger which Gutierre is concealing belongs to Don Enrique, although Gutierre does not know the identity of the intruder until the following scene. Here begins an irregular *décima* of twelve, rather than ten verses.

[64] ¿De qué estás... *What are you upset about?*

[65] Al verte... *On seeing you thus* (i.e., with a dagger), *"I thought that today, bathed in my own blood, I was dying, bled to death"* (Fox/Hindley).

[66] Como a ver... In this manner, Gutierre explains why he is carrying the dagger, but the audience knows that he too is covering up the truth.

[67] ¡Qué necia... *"What a silly thing to say! But an apprehension often leads to such fears"* (Fox/Hindley). Gutierre attempts to dismiss Mencía's fears of death at his hands as silliness, although his final words in this *cuadro* suggest his more deep-seated suspicions regarding her actions.

[68] Mis tristezas... Mencía tries to explain her reaction of fear of dying at Gutierre's hands as the result of her (feelings of) sadness (and even melancholy) and fretfulness (enojos), which often cause her to have such wild fantasies (antojos) in his absence.

[*Aparte*]
(¡O, qué asombros! ¡O, qué extremos!)

GUTIERRE   [*Aparte*] (¡Ay, honor!, mucho tenemos
que hablar a solas los dos).

5

Vanse cada uno por su puerta. Salen el REY
y don DIEGO *con rodela y*
capa de color; y como representa, se muda de negro.[69]

10 REY   Ten, don Diego, esa rodela.
    DIEGO   Tarde vienes a acostarte.
    REY   Toda la noche rondé
             de aquesta ciudad las calles;
             que quiero saber ansí°   = así
15   sucesos y novedades
             de Sevilla, que es lugar
             donde cada noche salen
             cuentos nuevos; y deseo
             desta manera informarme
20   de todo, para saber
             lo que convenga.
    DIEGO   Bien haces,
             que el Rey debe ser un Argos
             en su reino, vigilante:
25   el emblema de aquel cetro°   scepter

---

[69] Golden Age theaters had two doors, which served as entrances or exits, at each side of the stage. King Pedro is wearing a **rodela**, "a small round shield carried on the arm" (Fox/Hindley) and a red cape. Fox/Hindley state that red capes traditionally were worn at night, while black capes were worn during the day. Cruickshank adds that black capes were worn by kings in Calderón's time. As the two actors speak, King Pedro changes to a black cape (*se muda de negro*). The change of dress by Pedro relates to his return from making rounds (**rondar la ciudad**), incognito. The practice of the **ronda** was very much associated with King Pedro's historical and legendary image as **El Justiciero**. Consider the possible interpretations of Pedro's night sally below. This segment of the action, or *cuadro*, takes place in the royal palace in Seville. The verse form is the *romance* in *á-e*.

	con dos ojos lo declare.[70]	
	Mas ¿qué vio tu Majestad?	
REY	Vi 'recatados galanes,°	shy gallants
	damas desveladas vi,[71]	
	músicas, fiestas y bailes,	
	muchos garitos,° de quien	gambling dens
	eran siempre voces grandes	
	la tablilla° que decía:	sign
	"Aquí hay juego, caminante."	
	Vi valientes infinitos;	
	y no hay cosa que me canse	
	tanto como ver valientes,	
	y que por oficio pase	
	ser uno valiente aquí.	
	Mas porque° no se me alaben	= para que
	que no doy examen yo	
	a oficio tan importante,	
	a una tropa de valientes	
	probé solo en una calle.[72]	
DIEGO	Mal hizo tu Majestad.	
REY	Antes bien, pues con su sangre	
	llevaron iluminada...	

---

[70] Note how Don Diego interprets the King's sally as a positive deed, especially as he compares Pedro to Argos, a giant of Greek mythology with one hundred eyes, famous for his vision and vigilance. There appears to be no specific emblem as described by Don Diego, although Cruickshank (n. vv. 1417-18) suggests several possible models. "An emblem was a woodcut of a symbolic picture accompanied by a motto, designed to teach a moral lesson or to be the subject for meditation" (Wardropper, p. 596).

[71] **Damas desveladas** are women who are sleepless or awake. They are unaccompanied and out in the streets late at night, unacceptable behavior for a woman in Pedro's reign as well as during Calderón's time.

[72] **Vi valientes...** Pedro is wearied (i.e., bothered) by **valientes** (hoodlums or criminal thugs), as well as by the fact that individuals pass themselves off as **valientes** as a profession (**por oficio**), such that he tested a group of them, by fighting them in the street. The daring and bravado of Pedro are rightly criticized by Don Diego, since such actions placed the King's person, and therefore his office, at risk. The King's description reflects the realities of life in seventeenth-century Seville.

DIEGO	¿Qué?
REY	La carta del examen.[73]

Sale COQUÍN.

5		
COQUÍN	[*Aparte*] (No quise entrar en la torre
	con mi amo, por quedarme
	a saber lo que se dice
	de su prisión.[74] Pero, ¡tate!
10		—que es un pero muy honrado
	del celebrado linaje
	de los tates de Castilla—
	porque el Rey está delante.)[75]
REY	Coquín.
15	COQUÍN	¿Señor?
REY	¿Cómo va?
COQUÍN	Responderé a lo estudiante.
REY	¿Cómo?
COQUÍN	*De corpore bene,*
20 | | pero *de pecunis male.*[76] |

---

[73] **pues con su sangre...** Pedro means that the hoodlums carried away graduation diplomas (**la carta del examen**), written or colored (**iluminada**) in their own blood as a result of their encounter with him. The term **carta del examen** refers to the certificate, required for any important position or honor in Golden Age Spain, which proved that one was free of Moorish or Jewish blood.

[74] Note Coquín's ability to remain free while his master returns to prison. Wardropper (n. III, v. 423) reminds the reader that in Act I Coquín described himself as a dealer in gossip to the King.

[75] **Pero, ¡tate!...** Coquín puns on the words **pero** (= but, as well as a common variation on the name **Pedro**) and ¡**tate**!, an interjection meaning *hold on, easy does it, careful,* or *look out,* in particular in a situation one has just come to understand fully. Coquín exclaims that the person who is present (i.e., the King) is **un pero,** a Don Pedro of the **Tate,** the "Look Out" family of Castile. The pun serves ironically to lower the King, for this moment, to Coquín's level of language, and also figuratively, to his social status.

[76] *De corpore...* Coquín responds like a student in Latin: *Healthy in body [but] sickly, or poorly, in terms of money.* He thus recalls the wager with the King, with its metaphors of health.

Rey	Decid algo, pues sabéis,
	Coquín, que como me agrade,[77]
	tenéis aquí cien escudos.
Coquín	Fuera hacer tú aquesta tarde
5		el papel de una comedia
	que se llamaba *El rey ángel*.[78]
	Pero con todo eso traigo
	hoy un cuento que contarte,
	que remata en epigrama.
10	Rey	Si es vuestra,[79] será elegante.
	Vaya el cuento.
Coquín	Yo vi ayer
	de la cama levantarse
	un capón con bigotera.[80]
15		¿No te ríes de pensarle
	curándose sobre sano
	con tan vagamundo parche?[81]
	A esto un epigrama hice:
	[*Aparte*] (No te pido, Pedro el grande,
20		casas ni viñas; que sólo
	risa pido en este guante:[82]

---

[77] **que como me agrade** *that if (and provided) it pleases me.*

[78] **Fuera hacer tú...** *That would be like your playing the title role* (**hacer el papel**) *in a play called 'The Angel King.'* Coquín means that he is as likely to make the King laugh, as the King is to play the main role in the cited play. Golden Age scholars have suggested that **El rey ángel** may refer to several seventeenth-century plays.

[79] **que remata...** *which ends in an epigram.* Here **vuestra** refers to **epigrama**, which was both feminine and masculine in the Golden Age. Compare with **un epigrama** below.

[80] **un capón...** *a eunuch with a mustache case.* A eunuch would not grow facial hair; thus, the reference is ironic. The **bigotera** was a mustache guard where one put one's mustache while in bed or at home, so that it would keep its shape.

[81] **curándose sobre...** *"curing himself while still healthy with that no-good plaster"* (Fox/Hindley). The plaster is the mustache guard.

[82] **en este guante** Coquín is referring metaphorically to his outstretched hand; see *Diccionario de Autoridades*, which states that **guante** was often taken to mean the hand itself. Other editors translate as "collection plate" (Fox/Hindley and MacCurdy), while Wardropper believes this is a symbol of the challenge to make the King laugh.

        dad vuestra bendita risa
        a un gracioso vergonzante).°   shamefaced
        "Floro, casa muy desierta°   barren
        la tuya debe de ser,
5   porque eso nos da a entender
        la cédula° de la puerta: name plate
        donde no hay carta, ¿hay cubierta?,°   envelope
        ¿cáscara° sin fruta? No,   rind
        no pierdas tiempo; que yo
10   esperando los provechos,
        he visto labrar barbechos,
        mas barbideshechos no."[83]

REY   ¡Qué frialdad!
COQUÍN   Pues adiós, dientes.[84]

15

            Sale el Infante [don ENRIQUE].

ENRIQUE   Dadme vuestra mano.
REY   Infante,
20   ¿cómo estáis?
ENRIQUE   Tengo salud,
        contento de que se halle
        vuestra Majestad con ella;[85]
        y esto, señor, 'a una parte:°   aside
25   don Arias...
REY   Don Arias es

---

[83] **Floro** is the imaginary name of the eunuch whom Coquín addresses in his epigram. Coquín concludes his epigram with a devastating statement regarding Floro's masculinity, punning on **barbihecho** (fresh shaved) and **deshecho** (undone, wasted, broken down) (Jones). Specifically, Coquín says that he has seen fallow ground (**barbechos**) worked with the hope of producing crops (**provechos**), but not beardless faces (**barbideshechos**, a coined word according to MacCurdy), as his is.

[84] **¡Qué frialdad...** *What coldheartedness!* Coquín assumes that the King disliked his story and expects that soon he will lose his teeth.

[85] **con ella** *in good health* (= **salud**).

vuestra privanza:[86] sacalde°   ⸗ sacadle
de la prisión, y haced vos,
Enrique, esas amistades,
y agradézcanos la vida.[87]

5 ENRIQUE La tuya los cielos guarden;
y heredero de ti mismo,
apuestes eternidades
con el tiempo.[88]

10   *Vase el* REY.

                Iréis, don Diego,
a la torre, y al alcaide
le diréis que traiga aquí
15 los dos presos.

                [Vase don DIEGO.*]*

                [*Aparte*] (¡Cielos, dadme
20 paciencia en tales desdichas,
y prudencia en tales males).
Coquín, ¿tú estabas aquí?
COQUÍN   Y más me valiera en Flandes.[89]
ENRIQUE ¿Cómo?
25 COQUÍN   El rey es 'un prodigio°   a prodigy

---

[86] **es vuestra privanza** Don Arias is the favorite (**privado**) of Don Enrique. **Privanza** refers to the institution of the royal favorite, or the closest confidante of the King or a member of the royal family.

[87] **y agradézcanos...** *Let them* (i.e., Arias and Gutierre) *thank you* (⸗ *os*) *for their lives.* Enrique is thereby vouching for both noblemen.

[88] **apuestes...** *may you wager eternities with time* (i.e., may you live forever).

[89] **Y más me...** *And I would be better off in Flanders.* Flanders was part of the Spanish empire until 1648, after many years of warfare against Spain. Coquín's subsequent complaints lead us to conclude that he believes that he would be better off, or more secure, waging war against the Dutch than facing the challenge posed by his wager with the King.

P's humourlessness unnat

	de todos los animales.	
ENRIQUE	¿Por qué?	
COQUÍN	La naturaleza	
	permite que el toro brame,°	to bellow
5	ruja° el león, 'muja el buey,°	to roar; the ox to
	el asno rebuzne,° el ave	low; to bray
	cante, el caballo relinche,°	to neigh
	ladre° el perro, el gato maye,°	to bark; to meow
	aulle° el lobo, el lechón gruña,°	to howl; to grun
10	y sólo permitió dalle°	= darle
	risa al hombre, y Aristóteles	
	risible animal le hace,	
	por difinición perfeta;[90]	
	y el Rey, contra el orden y arte,	
15	no quiere reírse.[91] Déme	
	el cielo, para sacarle	
	risa, todas las tenazas	
	del buen gusto y del donaire.[92]	

20
*Vase [COQUÍN], y sale don GUTIERRE,
don ARIAS y don DIEGO.*

DIEGO	Ya, señor, están aquí[93]	
	los presos.	
25 GUTIERRE	Danos tus plantas.	
ARIAS	Hoy al cielo nos levantas.	
ENRIQUE	El Rey mi señor de mí	
	(porque humilde le pedí	

---

[90] **difinición perfeta** = *definición perfecta.*

[91] **y Aristóteles...** Aristotle does in fact define man as a laughing animal; see *De partibus animalium.*

[92] **Déme...** Coquín uses metaphors that suggest teeth extraction when he asks for *all the pliers, or extraction forceps* (= **tenazas**) *of good humor and wit to extract laughter* (= **sacarle risa**) *from the King.* Coquín thus imitates the language of the King's wager with him.

[93] A short passage of six *décimas* begins here.

                 vuestras vidas este día)

                 estas amistades fía.[94]

GUTIERRE   El honrar es dado a vos.

5   *Coteja °la daga [que se halló] con*

                       la espada [del Infante].   *he compares*

                 [Aparte] (¿Qué es esto que miro? ¡Ay Dios!)[95]

ENRIQUE   Las manos os dad.

10 ARIAS   La mía

                 es ésta.

GUTIERRE   Y éstos mis brazos,

                 cuyo nudo y lazo fuerte

                 no desatará la muerte,

15   sin que los haga pedazos.

ARIAS   Confirmen estos abrazos

                 firme amistad desde aquí.

ENRIQUE   Esto queda bien así.

                 Entrambos sois caballeros

20   en acudir los primeros

                 a su obligación; y así

                 está bien el ser amigo

                 uno y otro; y quien pensare°   *= future subjunctive*

                 que no queda bien, repare

25   en que ha de reñir° conmigo.   quarrel

GUTIERRE   A cumplir, señor, me obligo

                 las amistades que juro:

                 obedeceros procuro,°   I intend

                 y pienso que me honraréis

30   tanto, que de mí creeréis

                 lo que de mí estáis seguro.

---

[94] **El Rey... fía** *The King entrusted me... with making this friendship (between you).*

[95] Gutierre realizes that the dagger he found in his house belongs to Enrique, as the latter's sword bears the same design.

Sois fuerte enemigo vos,
y cuando lealtad no fuera,
por temor no me atreviera
a romperlas, ¡vive Dios!
5   Vos y yo para otros dos
me estuviera a mí muy bien;
mostrara entonces también
que sé cumplir lo que digo;
mas con vos por enemigo,
10   ¿quién ha de atreverse? ¿quién?
Tanto enojaros temiera
el alma cuerda y prudente,
que a miraros solamente
tal vez aun no me atreviera;
15   y si en ocasión me viera
de probar vuestros aceros,[96]
cuando yo sin conoceros
a tal extremo llegara,
que se muriera estimara
20   la luz del sol por no veros.

ENRIQUE   [*Aparte*] (De sus quejas y suspiros
grandes sospechas prevengo).[97]
Venid conmigo, que tengo
muchas cosas que deciros,
25   don Arias.

ARIAS   Iré a serviros.

[*Vanse don* ENRIQUE, *don* DIEGO *y don* ARIAS.]

30 GUTIERRE   Nada Enrique respondió;

---

[96] **aceros** *steel* (i.e., Enrique's sword).

[97] **(De sus quejas...)** Enrique is correct in suspecting that Gutierre is speaking to him on two levels: one in relation to the friendship which Enrique sponsors, and the other with respect to the threat which the powerful *Infante* represents to him.

sin duda se convenció
de mi razón. ¡Ay de mí!
¿Podré ya quejarme? Sí;
pero, consolarme, no.
Ya estoy solo, ya bien puedo[98]
hablar. ¡Ay Dios!, quién supiera
reducir sólo a un discurso,°   speech
medir° con sola una idea   measure
tantos géneros de agravios,
tantos linajes de penas[99]
como cobardes me asaltan,
como atrevidos me cercan.
Agora, agora, valor,
salga repetido en quejas,
salga en lágrimas envuelto
el corazón a las puertas
del alma, que son los ojos;
y en ocasión como ésta,
bien podéis, ojos, llorar:[100]
no lo dejéis de vergüenza.
Agora, valor, agora
es tiempo de que se vea
que sabéis medir° iguales   weigh
el valor y la paciencia.
Pero cese el sentimiento,
y 'a fuerza de honor,° y a fuerza   compelled by honor
de valor, aun no me dé
para quejarme licencia;
porque adula sus penas

---

[98] A long passage of *romance* in *é-a* begins here, with Gutierre's speech that for the first time includes the title of the play.

[99] **tantos linajes de penas** *so many kinds of afflictions.*

[100] **Agora, agora...** Gutierre addresses **valor**, asking for the strength to express all of his feelings, including the ability to weep. He then addresses his **ojos**.

el que pide a la voz justicia dellas.[101]
Pero vengamos al caso;
quizá hallaremos respuesta.
¡O ruego a Dios que la haya!
5   ¡O plegue a Dios que la tenga!
Anoche llegué a mi casa,
es verdad; pero las puertas
me abrieron luego, y mi esposa
estaba segura y quieta.
10   En cuanto a que me avisaron
de que estaba un hombre en ella,
'tengo disculpa° en que fue   I have an excuse
la que me avisó ella mesma;[102]
en cuanto a que se mató
15   la luz, ¿qué testigo° prueba   witness
aquí que no pudo ser
'un caso de contingencia?°   an instance of
En cuanto a que hallé esta daga,   chance
hay crïados de quien pueda
20   ser. En cuanto, ¡ay dolor mío!,
que con la espada convenga°   matches
del Infante, puede ser
otra espada como ella;
que no es labor tan extraña°   unusual
25   que no hay mil que la parezcan.
Y apurando° más el caso,   pressing
confieso,° ¡ay de mí!, que sea   I admit
del Infante, y más confieso
que estaba allí, aunque no fuera
30   posible dejar de verle;[103]

---

[101] *porque adula... for he who loudly asks for justice for his afflictions* (**dellas** = *de las penas*), *fawns upon them.* These two verses constitute an *estribillo* amidst the long *romance* passage.

[102] **ella mesma** i.e., Mencía, with **mesma** (= **misma**) used for the rhyme scheme.

[103] **Y apurando...** In his monologue Gutierre searches for various explanations for what occurred earlier in his house. First, he concedes that the sword may be Enrique's

mas siéndolo, ¿no pudiera
no estar culpada Mencía?;
que el oro es llave maestra
que las guardas de crïadas
5   por instantes nos falsea.[104]
¡O, cuánto me estimo haber
hallado esta sutileza!
Y así acortemos discursos,
pues todos juntos 'se cierran°   reach the conclusion
10   en que Mencía es quien es,
y soy quien soy;[105] no hay quien pueda
borrar de tanto esplendor
la hermosura y la pureza.
Pero sí puede, mal digo;
15   que al sol una nube negra,
si no le mancha,° le turba,°   stain; upsets
si no le eclipsa, le hiela.°   chills
¿Qué injusta ley condena
que muera el inocente, que padezca?[106]
20   A peligro estás, honor,[107]

---

and that Enrique was therefore there. Then Gutierre proceeds to convince himself to the
contrary, arguing that it would have been impossible not to have seen him, the *Infante* [in
that event].

[104] **mas siéndolo...** Gutierre now tries to convince himself that Mencía is innocent
and that the servants betrayed them both. **que el oro...** for "gold is the master key (*llave
maestra*) which [continuously (*por instantes*)] forces the locks of, or, which are, servants" (Jones).
Fox/Hindley translate: "For gold is the master key that never fails to turn the wards of
our guardian maidservants." There is a word play with the two meanings of **guarda**: *parte
de una cerradura o de una llave*, i.e., the ward of a lock or *centinela*, i.e., a guard. In addition, the
Diccionario de Autoridades defines **falsear la llave** as "to pick a lock" and **falsear las guardas
o centinelas** as "to use deception or bribery to surprise an army, etc."

[105] **Mencía es...** Gutierre momentarily convinces himself that both he and Mencía
have guarded their honor. Compare Mencía's statement to Enrique early in Act I: "Soy
quien soy."

[106] This and the previous verse constitute another *estribillo* amidst the long *romance*
passage.

[107] **A peligro...** Note how Gutierre now addresses honor itself.

no hay hora en vos que no sea
crítica; en vuestro sepulcro
vivís: puesto que os alienta
la mujer, en ella estáis
pisando siempre la güesa.[108]
Y os he de curar, honor,
y pues al principio muestra
este primero accidente
tan grave peligro, sea
la primera medicina
cerrar al daño las puertas,
atajar al mal los pasos:[109]
y así os receta y ordena
el médico de su honra[110]
primeramente la dieta
del silencio, que es guardar
la boca,[111] tener paciencia;
luego dice que apliquéis
a vuestra mujer finezas,°   sweet words
agrados, gustos, amores,
lisonjas, que son las fuerzas
defensibles, porque el mal
con el despego no crezca;[112]

---

[108] **puesto que...** *"since woman breathes life into you, in her you are forever treading on your grave"* (Fox/Hindley). *Güesa* is an antiquated form for *huesa*, grave. Remember the key position of women as the source of honor.

[109] **atajar al...** *"to stop the sickness in its tracks"* (Fox/Hindley).

[110] **y así os receta...** Note the numerous images relating to health in Gutierre's speech, as well as the first reference to the play title and to Gutierre as the surgeon of his honor (**el médico de su honra**).

[111] **que es guardar la boca** There is a play on words here, as **guardar la boca** can mean *to be silent about what might be harmful to one* (Diccionario de Autoridades) and *to watch one's diet, following one's doctor's orders* (**guardar la boca el enfermo**, Covarrubias). The first definition relates to the necessity to keep any affront against one's honor from becoming public, while the latter meaning reiterates the metaphors relating to health.

[112] **porque el mal...** *so that the sickness will not grow out of neglect* (= *el despego*).

que sentimientos, disgustos,
celos, agravios, sospechas
con la mujer, y más propia,
aun más que sanan enferman.[113]
Esta noche iré a mi casa
de secreto, entraré en ella,
por ver qué malicia tiene
el mal;[114] y hasta apurar ésta,
disimularé,° si puedo,   I will hide
esta desdicha, esta pena,
este rigor, este agravio,
este dolor, esta ofensa,
este asombro, este delirio,
este cuidado, esta afrenta,
estos celos... ¿Celos dije?[115]
¡Qué mal hice! Vuelva, vuelva
al pecho la voz; mas no,
que si es ponzoña que engendra
mi pecho, si no me dio
la muerte, ¡ay de mí!, al verterla,
al volverla a mí podrá;[116]
que de la víbora° cuentan   ·viper
que la mata su ponzoña
si fuera de sí la encuentra.
¿Celos dije? Celos dije;
pues basta; que cuando llega
un marido a saber que hay

---

[113] **que sentimientos...** Gutierre means that expressions of emotion sicken (**enferman**) more than they cure (**sanan**) in the case of women, and even more with one's own wife.

[114] **por ver qué...** *to see (determine) the degree of seriousness of the malady.*

[115] Jealousy (**celos**) goes hand and hand with honor.

[116] **mas no,...** Gutierre comments on the powerful effect of **celos**, which are poison (**ponzoña**) that his breast produces which, if it did not kill him when he expelled it (the poison, i.e., the mention of **celos**), it will (kill him) when he brings it back.

jealousy → extreme remedies   *debt*

celos, faltará la ciencia;[117]
y es la cura postrera
que el médico de honor hacer intenta.[118]

118
126

5   *Vase [don GUTIERRE], y sale*
don ARIAS y [doña] LEONOR.

ARIAS   No penséis, bella Leonor,[119]
que el no haberos visto fue
10   porque negar intenté
las deudas que a vuestro honor
tengo; y acreedor a quien
tanta deuda se previene,
el deudor buscando viene,[120]
15   no a pagar, porque no es bien
que necio y loco presuma
que pueda jamás llegar
a satisfacer y dar
cantidad que fue tan suma;[121]
20   pero en fin, ya que no pago,
que soy el deudor confieso;
no os vuelvo el rostro,[122] y con eso
la obligación satisfago.
LEONOR   Señor don Arias, yo he sido

---

[117] **faltará la ciencia** *science will fail him* (i.e., all reason will be useless).

[118] This and the previous verse constitute the last set of *estribillos* in this long *romance* passage; **y es la cura...** *and this is the final cure which the surgeon of his honor will attempt.*

[119] A passage of *redondillas* begins here.

[120] **y acreedor...** Arias is debtor (**el deudor**) to Leonor, the creditor (**acreedor**), as he recognizes (**se previene**) his debts, or obligations (**deudas**), to her in the matter of her honor (i.e., the loss of Gutierre as suitor, as recounted in Act I). Note the mercantile context of matters relating to honor.

[121] **cantidad que...** i.e., the loss of Gutierre as suitor and future husband. Arias continues with the mercantile imagery related to matters of honor, as **cantidad** = *the sum*.

[122] **no os vuelvo...** "*I do not turn away from you*" (Fox/Hindley). Arias does not shun, or ignore Leonor, but rather accepts his responsibility to her.

debts   *love > hon.*   *A propose to L*
to restore what she has
lost (G)   121

Jornada 2ª

la que obligada de vos,
en las cuentas de los dos,
más interés ha tenido.[123]
Confieso que me quitasteis
5   un esposo[124] a quien quería;
mas quizá 'la suerte mía°   *my fate*
'por ventura° mejorasteis;   *by chance*
pues es mejor que sin vida,
sin opinión, sin honor
10   viva, que no sin amor,
de un marido aborrecida.
Yo tuve la culpa, yo
la pena siento, y así
sólo me quejo de mí
15   y de mi estrella.°   *star (i.e., fate)*
ARIAS   Eso no;
quitarme, Leonor hermosa,
la culpa, es querer negar
a mis deseos lugar;
20   pues si mi pena amorosa
os significo, ella diga
en cifra sucinta y breve[125]
que es vuestro amor quien me mueve,
mi deseo quien me obliga
25   a deciros que pues fui
causa de penas tan tristes,
si esposo por mí perdistes,
tengáis esposo por mí.[126]

---

[123] **yo he sido...** *I am the one who has had (has owed) more interest (debts)...*

[124] **un esposo** *a (prospective) husband*

[125] **pues si mi pena...** *for if I explain to you the meaning (**os significo**) [of] my amorous pain* (**mi pena amorosa**), *let my pain (= **ella**) say in abbreviated, succinct code...*

[126] **si esposo...** *if you lost a husband because of me, you will have a husband through me (through an act of mine).* Don Arias is proposing marriage. Some texts read **perdisteis**; both **perdistes** and **perdisteis** were used in the Golden Age.

if they marry & will suspect connivance

LEONOR   Señor don Arias, estimo,
         como es razón, la elección;
         y aunque con tanta razón
         dentro del alma la[127] imprimo,
5   licencia me habéis de dar
         de responderos también
         que no puede estarme bien,
         no, señor, porque a ganar
         no llegaba yo infinito;[128]
10   sino porque si vos fuisteis
         quien a Gutierre le disteis
         de un mal formado delito
         la ocasión, y agora viera
         que me casaba con vos,
15   fácilmente entre los dos
         de aquella sospecha hiciera
         evidencia; y disculpado,
         con demostración tan clara,
         con todo el mundo quedara
20   de haberme a mí despreciado:°   scorned
         y yo estimo° de manera   I value
         el quejarme con razón,
         que no he de darle ocasión
         a la disculpa primera;
25   porque si en un lance° tal   situation
         le culpan cuantos le ven,
         no han de pensar que hizo bien
         quien yo pienso que hizo mal.[129]
ARIAS   Frívola respuesta ha sido

---

[127] la refers to **la elección**, the choice, or offer of himself as husband.

[128] **no, señor...** *no, sir, not because I would not gain a great deal (by accepting your offer).*

[129] Leonor's logic is typical of the affronted woman, in accordance with the honor code. She will not accept Arias's offer of marriage, although it would on one level be to her advantage, because to do so would confirm for Gutierre, and others, that he was correct to have suspected her earlier. She will not give Gutierre that satisfaction.

lover must respect lady's hon.

la vuestra, bella Leonor;
pues cuando de antiguo amor
os hubiera convencido
la experiencia, ella también
5   disculpa en la enmienda os da.[130]
¿Cuánto peor os estará
que tenga por cierto quien
imaginó vuestro agravio,
y no le constó[131] después
10   la satisfacción?

LEONOR   No es
amante prudente y sabio,
don Arias, quien aconseja
lo que en mi daño se ve;
15   pues si agravio entonces fue,
no por eso agora deja
de ser agravio también;
y peor cuanto haber sido
de imaginado a creído:[132]
20   y a vos no os estará bien
tampoco.

ARIAS   Como yo sé
la inocencia de ese pecho
en la ocasión, satisfecho
25   siempre de vos estaré.[133]
En mi vida he conocido
galán necio, escrupuloso,

---

[130] **ella también...** *experience (= **ella**) should also give you reason (**disculpa**) to change your mind.*

[131] **y no le constó** *and who failed to realize.* Don Arias is referring to Gutierre's inability to see as obvious that Leonor's honor would be satisfied by her marriage to him.

[132] **y peor...** Leonor means that the offense against her (i.e., Gutierre's suspicions) will be worse if it (**el agravio**) goes from being imagined to believed (i.e., if Gutierre has a basis on which to argue he was right because she now marries Arias).

[133] **satisfecho siempre...** *I will always be confident in you* (i.e., I will always trust you).

y con extremo celoso,
que en llegando a ser marido
no le castiguen los cielos.
Gutierre pudiera bien
5   decirlo, Leonor; pues quien
levantó tantos desvelos[134]
de un hombre en la ajena° casa,   someone else's
extremos pudiera hacer
mayores, pues llega a ver
10   lo que en la propia le pasa.[135]

LEONOR   Señor don Arias, no quiero
escuchar lo que decís;
que os engañáis, o mentís.
Don Gutierre es caballero
15   que en todas las ocasiones,
con obrar, y con decir,
sabrá, vive Dios, cumplir
muy bien sus obligaciones;
y es hombre 'cuya cuchilla,°   whose blade
20   o cuyo consejo sabio,
sabrá no sufrir su agravio
ni a un Infante de Castilla.[136]
Si pensáis vos que con eso
mis enojos aduláis,
25   muy mal, don Arias, pensáis;
y si la verdad confieso,
mucho perdisteis conmigo;
pues si fuerais noble vos,
no hablárades,[137] vive Dios,

---

[134] **pues quien...** *because he who caused so much worry* (i.e., distress).

[135] **pues llega...** Arias suggests that Gutierre either has, or is likely to have, problems in his own house.

[136] **ni a un infante...** *"not even from a prince of Castile"* (Fox/Hindley).

[137] **Hablárades**, the antiquated form for the imperfect subjunctive **hablarais**, is needed here for correct scansion.

así de vuestro enemigo.
Y yo, aunque ofendida estoy,
y aunque la muerte le diera
con mis manos, si pudiera,
no le murmurara hoy
en el honor, desleal;
sabed,[138] don Arias, que quien
una vez le quiso bien,
no se vengará en su mal.

Vase [doña LEONOR].

ARIAS   No supe qué responder.
               Muy grande ha sido mi error,
               pues en escuelas de honor
               arguyendo una mujer
               me convence.[139] Iré al Infante,
               y humilde le rogaré
               que destos cuidados dé
               parte ya de aquí adelante
               a otro;[140] y porque no lo yerre,[141]
               ya que el día va a morir,

---

[138] **si pudiera...** *if I could, I would not disloyally slander his honor today.* The reading I have given, with **desleal** first having been suggested by the early editor Vera Tassis, is found in the editions of Cruickshank, Fox/Hindley, and Wardropper. Jones suggests an alternative reading, also found in several of the early editions of Calderón, and supplies the following punctuation: "si pudiera, / no le murmurara hoy / en el honor; y leal, / sabed, don Arias" = "y sabed, don Arias, que quien, leal, una vez," which I translate as: *know, Don Arias, that she who, loyally, once loved him well would not slander his honor today.* MacCurdy follows Jones.

[139] **pues en escuelas...** *for in the school of honor a woman, arguing, [thus] convinces me.*

[140] **le rogaré...** *I will beg him that from now on, in these matters, that he confide (*dé parte*) in another.*

[141] **y porque...** "*and so that he will not misunderstand*" (Fox/Hindley). Jones suggested "y para que no deje de hacerlo" as the equivalent, which Fox/Hindley translate as "so that he will not fail to do it." **Yerre** is the subjunctive form of **errar**, used after **porque** (= **para que**).

me ha de matar, o 'no he de ir°　　　　　　　I will not go
en casa de don Gutierre.[142]

Vase [don ARIAS]. Sale don GUTIERRE,
5　　　*como [quien salta] unas tapias.*[143]

GUTIERRE　　En el mudo° silencio　　　　　　　mute
de la noche, que adoro y reverencio,
por sombra aborrecida,
10　　como sepulcro de la humana vida,[144]
de secreto he venido
hasta mi casa, sin haber querido
avisar a Mencía
de que ya libertad del Rey tenía,
15　　para que descuidada
estuviese, ¡ay de mí!, desta jornada.[145]
Médico de mi honra
me llamo, pues procuro mi deshonra
curar; y así he venido
20　　a visitar mi enfermo,[146] a hora que ha sido

---

[142] Arias expects to make the request of the *Infante* not to accompany him to Gutierre's house in the future, as he wants no further complications relating to Gutierre's household and honor.

[143] *como [quien salta]...* "*as if vaulting a wall*" (Fox/Hindley). The stage directions in most of the early editions read **Sale don Gutierre como que asalta...**, while the early editor Vera Tassis reads **Sale don Gutierre como saltando...** Jones and Wardropper follow Vera Tassis, while Cruickshank and Fox/Hindley emend as I have above. Note that within Gutierre's following monologue, he also describes his movement as an implicit stage direction: **Las tapias de la huerta / salté.** The location of the action of this scene, or *cuadro*, is thus the garden of Gutierre's house. Here begins a passage of *silvas* that ends Act II.

[144] Gutierre adores and reveres the night for being an abhorrent shadow and like a sepulcher of human life. Consider the symbolism of the dualities of light and dark.

[145] **desta jornada:** The word **jornada** could mean journey, occasion, or act of a play. It also amounts to a trial, or test of Mencía.

[146] **mi enfermo** "*my ailing patient*" (Fox/Hindley), which is at once his sick honor and Mencía.

de ayer la misma, ¡cielos!,
a ver si el accidente de mis celos
a su tiempo repite:[147]
el dolor mis intentos facilite.
Las tapias de la huerta
salté, porque no quise por la puerta
entrar. ¡Ay Dios, qué introducido engaño
es en el mundo no querer su daño
examinar un hombre,
sin que el recelo ni el temor le asombre![148]
Dice mal quien lo dice;
que no es posible, no, que un infelice
no llore sus desvelos:
mintió quien dijo que calló con celos,
o confiéseme aquí que no los siente.
Mas ¡sentir y callar!: otra vez miente.
Éste es el sitio donde
suele de noche estar; aun no responde
el eco entre estos ramos.°   branches
Vamos pasito, honor,[149] que ya llegamos;
que en estas ocasiones
tienen los celos pasos de ladrones.[150]

Descubre una cortina donde está
durmiendo [doña MENCÍA*].*[151]

---

[147] **a ver…** In his test of Mencía, Gutierre returns at the same hour of night that he first discovered the intruder in his house.

[148] **¡Ay Dios…** Gutierre cannot understand why some men refuse to investigate (**examinar**) a possible affront (**daño**) against them.

[149] **Vamos…** "*Let us go softly, honour*" (Fox/Hindley).

[150] **tienen los celos…** "*jealousy has the footsteps of a thief* " (Fox/Hindley). Gutierre's statement recalls Mencía's earlier reference in Act II to thieves entering the house during his absence.

[151] This scene would be staged as a discovery scene, in which Gutierre would open the center curtain (***Descubre una cortina***) on the stage. There will be two other discovery scenes in Act III, all relating to Mencía and her fate.

¡Ay, hermosa Mencía,
qué mal tratas mi amor, y la fe mía!
Volverme otra vez quiero.[152]

5 Bueno he hallado mi honor, hacer no quiero
por agora otra cura,
pues la salud en él está segura.[153]
Pero ¿ni una crïada
la acompaña? ¿Si acaso retirada

10 aguarda...?[154] ¡O pensamiento
injusto! ¡O vil° temor! ¡O infame aliento![155]   vile
Ya con esta sospecha
no he de volverme; y pues que no aprovecha
tan grave desengaño,

15 apuremos de todo en todo el daño.[156]
Mato la luz, y llego
sin luz y sin razón, dos veces ciego;
pues bien encubrir puedo
el metal de la voz, hablando quedo.[157]

20 ¡Mencía!

Despiértala.

MENCÍA   ¡Ay Dios! ¿Qué es esto?
25 GUTIERRE   No des voces.
MENCÍA   ¿Quién es?

---

[152] **Volverme...** "*I'll turn back again*" (Fox/Hindley).

[153] Gutierre momentarily convinces himself that the health of his honor (= **él**) is safe, or whole.

[154] **Si acaso...** *What if, coming here alone (**retirada**), she awaits...* (i.e., Enrique)?

[155] **¡O infame aliento!** "*O infamous breath (of suspicion)!*" (Wardropper).

[156] **y pues...** Gutierre is not convinced of Mencía's innocence (**tan grave desengaño**) and hence intends to investigate fully the damage (**el daño**).

[157] **pues encubrir...** Speaking quietly (**hablando quedo**) and disguising his voice, Gutierre intends to pass himself off as the *Infante*.

GUTIERRE	Yo soy, mi bien. ¿No me conoces?
MENCÍA	Sí, señor; que no fuera

otro tan atrevido...[158]

| GUTIERRE | [*Aparte*] (Ella me ha conocido).[159] |
| 5 MENCÍA | ...que así hasta aquí viniera.[160] |

¿Quién hasta aquí llegara
que no fuérades[161] vos, que no dejara
en mis manos la vida,
con valor y con honra defendida?

10 GUTIERRE   [*Aparte*] (¡Qué dulce desengaño![162]
¡Bien haya, amor, el que apuró su daño!)[163]
Mencía, no te espantes de haber visto
tal extremo.°   *unusual behavior*

| MENCÍA | ¡Qué mal, temor, resisto |

15   el sentimiento!

| GUTIERRE | Mucha razón tiene |

tu valor.

MENCÍA	¿Qué disculpa me previene...
GUTIERRE	Ninguna.
20 MENCÍA	...de venir así tu Alteza?[164]

---

[158] **que no fuera...** *for no one else would be so bold.*

[159] Gutierre thinks that Mencía has recognized him and not the *Infante*.

[160] **... que así...** *to enter here in this manner.* Mencía thinks that she is talking with the *Infante*.

[161] **Fuérades**, the antiquated form for **fuerais**, is necessary here for correct scansion.

[162] **Desengaño** connotes both a revelation (as Wardropper translates) but also Gutierre's temporary relief at the undeception (as Fox/Hindley translate) of believing Mencía is thinking only of him, her husband.

[163] Several editors, including Jones, MacCurdy and Cruickshank, give the verse as I have. Others, including Fox/Hindley and Wardropper, follow the editor Vera Tassis, believing that the reading should be: "¡Bien haya, **amén**, el que apuró su daño!," in particular as this echoes a verse spoken by Don Arias near the end of Act I: ¡**Mil veces mal haya, amén,** / **quien de una mujer se rinde** / **a admitir el parecer!** (p. 83, ll. 9-11). Most editors translate **apuró** in the present tense: Fox/Hindley as *examines*, Campbell as *verifies*, but Wardropper as *has dared to look into.*

[164] **¿Qué disculpa...** *What excuse can you give me for coming here in this way...?* Note the level of informality on Mencía's part in her use of **tu Alteza** here, most likely to persuade the

GUTIERRE   [*Aparte*]
                (¡Tu Alteza! No es conmigo,[165]
                    ¡ay Dios! ¿Qué escucho?
                Con nuevas dudas lucho.
5   ¡Qué pesar! ¡Qué desdicha! ¡Qué tristeza!)
MENCÍA   ¿Segunda vez pretende ver mi muerte?
                ¿Piensa que cada día...
GUTIERRE   [*Aparte*] (¡O trance° fuerte!)   peril
MENCÍA   ...puede esconderse...
10 GUTIERRE   [*Aparte*] (¡Cielos!)
MENCÍA   ...y matando la luz...
GUTIERRE   [*Aparte*] (¡Matadme, celos!)
MENCÍA   ...salir a riesgo mío
                delante de Gutierre?
15 GUTIERRE   [*Aparte*] (Desconfío
                de mí, pues que dilato
                morir,[166] y con mi aliento no la mato.
                El venir no ha extrañado
                el Infante, ni dél se ha recatado,[167]
20   sino sólo ha sentido
                que en ocasión se ponga, ¡estoy perdido!,
                de que otra vez se esconda.
                ¡Mi venganza a mi agravio corresponda!)[168]
MENCÍA   Señor, vuélvase° luego.   go away
25 GUTIERRE   [*Aparte*] (¡Ay, Dios! Todo soy rabia,
                    y todo fuego.)
MENCÍA   Tu Alteza así otra vez no llegue a verse.
GUTIERRE   ¿Que por eso no más ha de volverse?[169]

Infante of his error in judgment in so compromising her honor.

[165] **No es conmigo** *It's not to me (that she is speaking).*

[166] **pues que...** *since I put off dying.*

[167] **ni dél...** *"nor has she withdrawn from him"* (Fox/Hindley).

[168] **¡Mi venganza...!** *Let my revenge be equal to my insult!*

[169] **¿Qué por eso...?** *"Is that the only reason that I should go away?"* (Fox/Hindley). Gutierre

MENCÍA   Mirad que es hora que Gutierre venga.
GUTIERRE   [*Aparte*] (¿Habrá en el mundo quien
                    paciencia tenga?
                Sí, si prudente alcanza
5   oportuna ocasión a su venganza).
                No vendrá;° yo le dejo entretenido;°[170]   i.e., **Gutierre**; busy
                y guárdame un amigo
                las espaldas el tiempo que conmigo
                estáis;[171] él no vendrá, yo estoy seguro.
10

                        Sale JACINTA.

JACINTA   [*Aparte*] (Temorosa procuro
                ver quién hablaba aquí.)
15 MENCÍA   Gente he sentido.
GUTIERRE   ¿Qué haré?
MENCÍA   ¿Qué? Retirarte,
                no a mi aposento, sino a otra parte.

20   *Vase don GUTIERRE detrás del paño.*[172]

                ¡Hola!
JACINTA   ¿Señora?

---

as the *Infante* presumably is referring to himself in third person in his response to Mencía;
Jones, Cruickshank and Fox/Hindley reproduce the text thus. The other alternative is
for Gutierre to say this verse as an *Aparte* with Gutierre referring to the *Infante* in third
person, which is how MacCurdy reproduces the verse. Wardropper and Valbuena
Briones change the initial **Que** to **Quien** without citing any textual authority;
Wardropper reproduces the verse as an *Aparte*, but Valbuena Briones does not.

[170] Editors disagree as to whether **entretenido** should appear at the end of this verse
or at the beginning of the next one. This affects the scansion of the verse and the rhyme
scheme. I have followed Cruickshank and Fox/Hindley in this case.

[171] **guárdame...** *a friend is keeping watch for me* (**un amigo me guarda las espaldas**) *the
time that you are with me.*

[172] *paño* refers to a curtain here. Gutierre must step partly or completely behind one
of the interior curtains on the stage.

MENCÍA   El aire que corría
                    entre estos ramos mientras yo dormía,
                    la luz ha muerto;[173] luego
                    traed luces.

5

Vase JACINTA.

GUTIERRE   [*Aparte*] (Encendidas en mi fuego.[174]
                    Si aquí estoy escondido,
10   han de verme, y de todas conocido,
                    podrá saber Mencía
                    que he llegado a entender la pena mía;
                    y porque° no lo entienda,   ° para que
                    y dos veces me ofenda,
15   una con tal intento,
                    y otra pensando que lo sé y consiento,
                    'dilatando su muerte,°   delaying her dea
                    he de hacer la deshecha[175] desta suerte).

20   *Dice dentro.*[176]

                    ¡Hola! ¿Cómo está aquí desta manera?
MENCÍA   Éste es Gutierre: otra desdicha espera
                    mi espíritu cobarde.
25 GUTIERRE   ¿No han encendido luces, y es tan tarde?

*Sale JACINTA con luz, y don GUTIERRE por otra puerta
                    de donde se escondió.*

---

[173] **El aire...** *The air* (i.e., the breeze)... *has extinguished the light.*

[174] **Encendidas...** i.e., [**Luces**] **Encendidas en mi fuego** [*Lights*] *illuminated in my fire* (i.e., my jealousy).

[175] **he de hacer...** *"I'm going to dissemble"* (Fox/Hindley).

[176] *Dice dentro He says within* (i.e., off stage from behind the curtain).

wind & fire

JACINTA	Ya la luz está aquí.
GUTIERRE	¡Bella Mencía!
MENCÍA	¡O mi esposo! ¡O mi bien! ¡O gloria mía!
GUTIERRE	[*Aparte*] (¡Qué fingidos extremos!

5   Mas, alma y corazón, disimulemos).°   let us pretend

MENCÍA	Señor, ¿por dónde entrasteis?
GUTIERRE	Desa° huerta, = de esa

con la llave que tengo, abrí la puerta.
Mi esposa, mi señora,

10   ¿en qué te entretenías?[177]

MENCÍA	Vine agora

a este jardín, y entre estas fuentes puras,
dejóme el aire a escuras.[178]

GUTIERRE	No me espanto, bien mío;

15   que el aire que mató la luz, tan frío
corre, que es un aliento
respirado del céfiro[179] violento,
y que no sólo advierte
muerte a las luces, a las vidas muerte,

20   y pudieras dormida
a sus soplos también perder la vida.[180]

MENCÍA	Entenderte pretendo,

y aunque más lo procuro, no te entiendo.

GUTIERRE	¿No has visto ardiente llama

25   perder la luz al aire que la hiere,
y que a este tiempo de otra luz inflama
la pavesa?° Una vive y otra muere   embers
'a sólo un soplo.° Así, desta manera,   with a single puff
la lengua de los vientos lisonjera

---

[177] ¿en qué... "*How were you entertaining yourself?*" (Fox/Hindley).

[178] dejóme el aire... *el aire me dejó a escuras* (= *a oscuras*).

[179] céfiro: "zephyr: A gentle breeze from the west" (Fox/Hindley).

[180] y pudieras... Note how Gutierre suggests the possibility of Mencía's death (here, literally from the breezes of the wind, **a sus soplos**) but also prepares for Mencía's tragic end in Act III.

	matarte la luz pudo,
	y darme luz a mí.[181]
MENCÍA	[*Aparte*] (El sentido dudo).
	Parece que celoso
5	hablas en dos sentidos.
GUTIERRE	[*Aparte*] (Riguroso
	es el dolor de agravios;
	mas con celos ningunos fueron sabios).[182]
	¿Celoso? ¿Sabes tú lo que son celos?
10	Que yo no sé qué son, ¡viven los cielos!;
	porque si lo supiera,
	y celos...
MENCÍA	[*Aparte*] (¡Ay de mí!)
GUTIERRE	...llegar pudiera
15	a tener... ¿qué son celos?
	átomos, ilusiones y desvelos;...°
	no más que de una esclava, una crïada,[183]
	por sombra imaginada,[184]
	con hechos inhumanos,
20	a pedazos sacara con mis manos
	el corazón, y luego
	envuelto en sangre, 'desatado en fuego,°

(marginal gloss, line 16:) anxieties

(marginal gloss, line 22:) unbound in fire

---

[181] **la lengua...** Gutierre at once suggests Mencía's death (**matarte la luz pudo**) and his enlightenment (**darme luz a mí**) about Mencía's conduct as he refers to **la lengua lisonjera de los vientos**, the latter being a possible metaphor for the winds that brought news causing his jealousy.

[182] **ningunos...** *"no men were wise"* (Fox/Hindley). The Golden Age frequently used the plural **ningunos**.

[183] **no más que...** The following tirade is framed around how Gutierre would treat any slave or servant (a more direct reference to Jacinta, but also a metaphor for Mencía) who might be disloyal (or unfaithful, in the case of Mencía) to him. Note the violent nature of the imagery.

[184] **por sombra imaginada** *"because of an imagined shadow"* (Fox/Hindley); *"as if she were an imagined shadow"* (MacCurdy); *"as an imagined shadow"* or *"imagined (in apposition to esclava and criada) as a shadow"* (Jones). Gutierre means that if his *celos* were caused by some figment of the imagination, he would carry out the following punishment.

G beside himself   *M foresees* Ⓜ 105

	el corazón comiera	
	a bocados, la sangre me bebiera,	
	el alma le sacara,	
	y el alma, ¡vive Dios!, despedazara,[185]	
5	si capaz de dolor el alma fuera.	
	¿Pero cómo hablo yo desta manera?	
MENCÍA	Temor al alma ofreces.	
GUTIERRE	¡Jesús, Jesús mil veces![186]	
	¡Mi bien, mi esposa, cielo, gloria mía!	
10	¡Ah mi dueño! ¡Ah Mencia!	
	Perdona, por tus ojos,	
	esta descompostura, estos enojos;[187]	
	que tanto un fingimiento	
	fuera de mí llevó mi pensamiento;[188]	
15	y vete, por tu vida; que prometo	
	que te miro con miedo y con respeto,	
	corrido° deste exceso.	ashamed
	¡Jesús! No estuve en mí, no tuve seso.[189]	
MENCÍA	[*Aparte*] (Miedo, espanto, temor y	
20	horror tan fuerte,	
	parasismos° han sido de mi muerte).	convulsions
GUTIERRE	[*Aparte*] (Pues médico me llamo	
	de mi honra,	
	yo cubriré con tierra mi deshonra).[190]	

---

[185] **y el alma...** *I would tear her soul to pieces.* Gutierre at once is referring to any disloyal servant (**una esclava, una criada**), or to Mencía as his wife.

[186] **¡Jesús...** Remember that the *Infante* said a similar line as the first verse of the play.

[187] **esta descompostura...** *this discomposure, this emotion.*

[188] **que tanto...** *for a fiction of the mind (**un fingimiento**) carried me outside myself* (i.e., outside rational thought, **mi pensamiento**).

[189] **no tuve seso** "*I was out of my mind*" (Fox/Hindley).

[190] Golden Age dramas often ended an act with a version of the play title, as we see here. Fox/Hindley (p. 155 n.) mention that the critic Dámaso Alonso has also observed that Calderón often ends the second act of his plays with parallel declarations of characters, much as Mencía and Gutierre express their fears and concerns in respective *apartes*. Cruickshank (n. vv. 2047-48) also points out that Gutierre's final verses recall the

[Vanse todos.]

following Spanish *refrán*, with its connection between doctors and the earth: "Lo que el médico erró, errado quedó, y la tierra lo cubrió" (Whatever mistakes a doctor makes will remain mistakes, and the earth will cover them up).

El médico de su honra

TERCERA JORNADA

Sale todo el acompañamiento,
y don GUTIERRE y el REY.[1]

GUTIERRE   Pedro, a quien el indio polo
                       coronar de luz espera,[2]
                       hablarte a solas quisiera.
REY   Idos todos.

                       Vase el acompañamiento.

                                    Ya estoy solo.
GUTIERRE   Pues a ti, español Apolo,
                       a ti, castellano Atlante,[3]
                       en cuyos hombros, constante,
                       se ve durar y vivir
                       todo un orbe de zafir,°   sapphire
                       todo un globo de diamante:
                       a ti, pues, rindo en despojos
                       la vida mal defendida
                       de tantas penas, si es vida

---

[1] Act III begins in the palace in Seville with Gutierre's *audiencia* with the King. The play begins with six *décimas*. ***todo el acompañamiento*** = *attendants*.

[2] **a quien...** *whom the Indian pole expects to crown with light.* This is a reference to the glory of Spain's future empire.

[3] **Apolo** (Apollo) was the Greek god of light, youth, beauty, and prophecy. Later he was confused with Helios, the sun god. In Act I Pedro called himself "un **Atlante** en quien descansa / todo el peso de la ley."

vida con 'tantos enojos.°   so many tribula[

No te espantes que los ojos

también se quejen, señor;

que dicen que amor y honor

5   pueden, sin que a nadie asombre,°   surprise

permitir que llore un hombre;

y yo tengo honor y amor:

honor, que siempre he guardado

como noble y bien nacido,

10   y amor que siempre he tenido

como esposo enamorado:

adquirido y heredado

uno y otro en mí se ve,

hasta que tirana fue

15   la nube, que turbar osa

tanto esplendor en mi esposa,

y tanto lustre en su fe.[4]

No sé 'cómo signifique°   how to express

mi pena; turbado estoy...

20   y más cuando a decir voy

que fue vuestro hermano Enrique

contra quien pido se aplique

desa justicia el rigor:

no porque sepa, señor,

25   que el poder mi honor contrasta;

pero imaginarlo basta,

quien sabe que tiene honor.

La vida de vos espero

de mi honra; así la curo

30   con prevención, y procuro

que ésta la sane primero;

porque si en rigor tan fiero

---

[4] **la nube...** *the cloud (i.e., dishonor) that dares to darken such splendour in my spouse, and so much luster in her faithfulness.*

malicia en el mal hubiera,
junta de agravios hiciera,
a mi honor desahuciara,
con la sangre le lavara,
5   con la tierra le cubriera.[5]
'No os turbéis;° con sangre digo   do not be disturbed
solamente de mi pecho.
Enrique, está satisfecho[6]
que está seguro conmigo;
10   y para esto hable un testigo:
esta daga, esta brillante
lengua de acero elegante,
suya fue; ved este día
si está seguro, pues fía
15   de mí su daga el Infante.[7]

REY   Don Gutierre, bien está;[8]
y quien de tan invencible
honor corona las sienes,
que con los rayos compiten
20   del sol, satisfecho viva
de que su honor...

---

[5] This entire *décima* is full of medical metaphors. First Gutierre expects, with the King's help, to prevent further damage to his honor with this act of prevention, adding that if in such a terrible situation there were malignancy in the illness (i.e., his honor) (**si en rigor... en el mal hubiera**), then he would call together a team of consultants on affronts (**junta de agravios hiciera**), expanding on the medical term of the **junta de médicos**, the consultation of doctors about the seriously ill (Covarrubias). Gutierre concludes saying that in such an instance he would lose all hope for the life of his honor, he would bathe it with blood, and he would cover it with the earth. The latter image may refer to burial itself, but also may be a reminiscence of the last two verses of Act II. The verb **desahuciar** in the Golden Age meant to lose hope in something, and in particular in the recuperation of sick patients (Covarrubias).

[6] **está satisfecho** *rest assured.* está = estad.

[7] **esta brillante...** As Gutierre describes Enrique's dagger as *this brilliant tongue of elegant steel*, he reassures the King that his brother is safe (**si está seguro... el Infante**) since Enrique entrusts his dagger to him, Gutierre.

[8] A new verse form in the *romance* in *í-e* begins here.

GUTIERRE   No me obligue
                        vuestra Majestad, señor,
                        a que piense que imagine
                        que yo he menester consuelos
5   que mi opinión acrediten.[9]
                        ¡Vive Dios!, que tengo esposa
                        tan honesta, casta y firme,
                        que deja atrás las romanas
                        Lucrecia, Porcia y Tomiris.
10   Ésta ha sido prevención
                        solamente.[10]
REY   Pues decidme;
                        para tantas prevenciones,
                        Gutierre, ¿qué es lo que visteis?
15 GUTIERRE   Nada; que hombres como yo
                        no ven; basta que imaginen,
                        que sospechen, que prevengan,
                        que recelen, que adivinen,
                        que...[11] no sé como lo diga;
20   que no hay voz que signifique
                        una cosa, que no sea
                        un átomo indivisible.[12]
                        Sólo a vuestra Majestad
                        'di parte,° para que evite   I informed
25   el daño que no hay; porque
                        si le hubiera, de mí fíe
                        que yo le diera el remedio

---

[9] Here Gutierre insists that the King has no reason to assure him that his reputation (**opinión**) is in good standing; **consuelos** is the subject of **acrediten**.

[10] **que tengo...** Gutierre compares Mencía to women famous for chastity and fidelity (**Lucretia** and **Porcia**) and for courage in adversity (**Tomiris**). Note his use once again of the term **prevención**.

[11] **Nada; que...** Here Gutierre refers to the significant role of imagination in his reaction to his honor dilemma.

[12] **que no hay...** *"for there is no word that fully signifies something, that is not an indivisible atom"* (Fox/Hindley); i.e., words cannot express the complexity and ambiguity of honor.

	en vez, señor, de pedirle.[13]	
REY	Pues ya que de vuestro honor	
	médico os llamáis, decidme,	
	don Gutierre, ¿qué remedios	
5	antes del último hicisteis?[14]	
GUTIERRE	No pedí a mi mujer celos,[15]	
	y desde entonces la quise	
	más; vivía en una quinta	
	deleitosa y apacible;	
10	y para que no estuviera	
	en las soledades triste,	
	truje° a Sevilla mi casa,	= traje
	y a vivir en ella vine,	
	adonde todo lo goza,	
15	sin que nada a nadie envidie;	
	porque malos tratamientos	
	son para maridos viles	
	que pierden a sus agravios	
	el miedo, cuando los dicen.[16]	
20 REY	El Infante viene allí,	
	y si aquí os ve, no es posible	
	que deje de conocer	
	las quejas que dél° me disteis.	= de él
	Mas acuérdome que un día	
25	me dieron con voces tristes	
	quejas de vos, y yo entonces	
	detrás de aquellos tapices°	tapestries

---

[13] **Sólo...** Gutierre makes it clear that if the imagined affront (**daño**) were real, he would already have found a remedy (**remedio**) for it, rather than asking for the King to provide it.

[14] **qué remedios...** Reference to **el último**, or **el postrer remedio**, *the final remedy* (i.e., death) is important later in Act III as a solution to Gutierre's honor problem.

[15] **No pedí...** *I did not accuse my wife of infidelity.*

[16] Gutierre explains to the King that one of his **remedios** has been to move his household to Seville, where Mencía wants for nothing, as he realizes that poor treatment of his wife would bring greater attention to his situation.

escondí a quien se quejaba;
y en el mismo caso pide
el daño el propio remedio,
pues al revés lo repite.[17]
5   Y así quiero hacer con vos
lo mismo que entonces hice;
pero con un orden más,
y es que nada aquí os obligue
a descubriros.° Callad   to reveal yourself
10   a cuanto viereis.[18]
GUTIERRE   Humilde
estoy, señor, a tus pies.
Seré el pájaro que fingen
con una piedra en la boca.[19]
15

Escóndese. Sale el Infante [don ENRIQUE].

REY   Vengáis norabuena,° Enrique,   = enhorabuena
aunque mala habrá de ser,[20]
20   pues me halláis...
ENRIQUE   ¡Ay de mí triste!
REY   ...enojado.
ENRIQUE   Pues, señor,
¿con quién lo estáis, que os obligue?[21]

---

[17] The King uses the same strategy that he employed in Act I to learn the facts about Leonor's complaints against Gutierre; the situation is reversed in that Gutierre will now be hiding.

[18] **Callad**... Gutierre will actually be hearing, rather than seeing, what occurs between Enrique and Pedro.

[19] **Seré el pájaro**... *I will be the bird that they describe with a stone in its mouth* (i.e., Gutierre will be completely silent). Jones (p. 82n.), citing a similar emblem in J. de Horozco y Covarrubias, *Emblemas morales* (1589), believes that Gutierre is referring to the wild goose or crane. Also note how Gutierre began his conversation with King Pedro using *tú*, then switched briefly to *vos*, followed by *vuestra Majestad*, and concluded finally using *tú*.

[20] **aunque mala**... *although it may (in fact) be a bad time (mala [hora])*.

[21] **¿con quién**... *with whom are you upset, [so] that I may oblige you* (i.e., by helping the King

REY	Con vos, Infante, con vos.
ENRIQUE	Será mi vida infelice;[22]
	si enojado tengo al sol,
	veré mi mortal eclipse.
5 REY	¿Vos, Enrique, no sabéis
	que más de un acero tiñe
	el agravio en sangre real?[23]
ENRIQUE	Pues, ¿por quién, señor, lo dice
	vuestra Majestad?
10 REY	Por vos
	lo digo, por vos, Enrique.
	El honor es reservado
	lugar, donde el alma asiste:
	yo no soy Rey de las almas:[24]
15	harto en esto sólo os dije.
ENRIQUE	No os entiendo.
REY	Si a la enmienda°
	vuestro amor 'no se apercibe,°
	dejando vanos intentos
20	de bellezas imposibles,
	donde el alma de un vasallo
	con ley soberana vive,
	podrá ser de mi justicia
	aun mi sangre no se libre.[25]

° correction

° does not submit to

---

with his problem)?

[22] **Infelice**, the antiquated form of **infeliz**, is used here for rhyme and scansion purposes; it is often used in the rhyming position in this scene. What is the effect of this repetition?

[23] **no sabéis...** *don't you know that any insult stains more than one blade* (i.e., sword) *with royal blood?* Pedro makes it clear that Enrique is not exempt from at least the King's justice and that any offense against a vassal will have grave consequences.

[24] **El honor...** Pedro means that he is not the source of personal, but only of social honor.

[25] Pedro warns that if Enrique does not control his love and give up the vain pursuit of impossible beauties (i.e., Mencía), it is possible that he will not escape Pedro's justice, despite the fact that they are brothers.

ENRIQUE	Señor, aunque tu preceto°	= **precepto** *command*
	es ley que tu lengua imprime	
	en mi corazón, y en él	
	como en el bronce se escribe,²⁶	
5	escucha 'disculpas mías;°	*my defense*
	que no será bien que olvides	
	que con iguales orejas	
	ambas partes han de oírse.	
	Yo, señor, quise a una dama	
10	(que ya sé por quién lo dices,	
	si bien con poca ocasión);²⁷	
	en efeto, yo la quise	
	tanto...	
REY	¿Qué importa, si ella	
15	es beldad tan imposible?	
ENRIQUE	Es verdad, pero...	
REY	Callad.	
ENRIQUE	Pues, señor, ¿no me permites	
	disculparme?°	*speak in my defe[nse]*
20 REY	No hay disculpa;	
	que es belleza que no admite	
	objeción.²⁸	
ENRIQUE	Es cierto, pero	
	'el tiempo todo lo rinde,°	*time conquers al[l]*
25	el amor todo lo puede.	
REY	[*Aparte*] (¡Válgame Dios, qué mal hice	
	en esconder a Gutierre!)	
	Callad, callad.	

---

²⁶ **y en él...** *and in it* (i.e., my heart) *(your command) is inscribed as upon bronze.* Note how Enrique switches from *vos* to *tú* in addressing his brother the King.

²⁷ **(que ya...)** *for I already know whom you are speaking about, although (you do so) with little justification.* Enrique continues to try to defend his position in what is a case of justice, as he is being accused of dishonoring a vassal.

²⁸ **que es...** *for she is a beauty that admits no argument (in Enrique's defense).* Pedro means that Mencía is beyond reproach.

ENRIQUE	No te incites
	tanto contra mí, ignorando
	la causa que a esto me obligue.
REY	Yo lo sé todo muy bien.
5		[*Aparte*] (¡O qué lance tan terrible!)
ENRIQUE	Pues yo, señor, he de hablar:
	en fin, doncella la quise.
	¿Quién, decid, agravió a quién?
	¿Yo a un vasallo...
10	GUTIERRE	[*Aparte*] (¡Ay infelice!)
ENRIQUE	...que antes que fuese su esposa
	fue...?
REY	No tenéis qué decirme.
	Callad, callad, que ya sé
15		que por disculpa fingisteis
	tal quimera.²⁹ Infante, Infante,
	vamos mediando los fines:
	¿conocéis aquesta daga?³⁰
ENRIQUE	Sin ella a palacio vine
20		una noche.
REY	¿Y no sabéis
	dónde la daga perdisteis?
ENRIQUE	No, señor.
REY	Yo sí, pues fue
25		adonde fuera posible
	mancharse con sangre vuestra,
	a no ser el que la rige
	tan noble y leal vasallo.
	¿No veis que venganza pide
30 | | el hombre que aun ofendido, |

---

²⁹ **que ya sé...** *I already know that you invented* (**fingisteis**) *this monstrous fantasy* (**tal quimera**) *as an excuse.* Note how frequently some form of **disculpa** is used in the dialogue between Pedro and Enrique.

³⁰ **vamos mediando...?** *Let's get to the point. Do you recognize this dagger?*

G wounds P — premon.

el pecho y las armas rinde?
¿Veis este puñal dorado?
Geroglífico es que dice
vuestro delito; a quejarse
5   viene de vos; yo he de oírle.
Tomad su acero, y en él
os mirad:[31] veréis, Enrique,
vuestros defetos.°   = defetos

ENRIQUE   Señor,
10   considera que 'me riñes°   you reproach me
tan severo, que turbado...°   distraught
REY   Tomad la daga...

        Dale la daga,[32] y al tomarla, turbado, el Infante corta
15   *al REY la mano.*

                           ¿Qué hiciste,
        traidor?°   traitor
ENRIQUE   ¿Yo?
20 REY   ¿Desta manera
        tu acero en mi sangre tiñes?°   you stain
        ¿Tú la daga que te di
        hoy contra mi pecho esgrimes?[33]
        ¿Tú me quieres dar la muerte?
25 ENRIQUE   Mira, señor, lo que dices;
        que yo turbado...

---

[31] **Geroglífico...** *it is a hieroglyph of your crime.* The hieroglyph (also spelled **jeroglífico** and **hieroglífico** in the Golden Age) was an invention of the Egyptians and was considered to be a precursor of the emblem. Here Pedro means that the blade of Enrique's dagger (**su acero**) is a visual mirror that attests to his brother's dishonor against a vassal.

[32] **Dale la daga** *Pedro gives the dagger to him* (i.e., Enrique).

[33] **¿Tú la daga...** *Now do you turn the dagger that I gave you against me* (i.e., my person)? Cruickshank (n. v. 2266) observes that Pedro had employed **vos** previously in the interchange with Enrique, but now resorts to **tú** due to his state of turmoil. Also note how Enrique now employs **tú** as well.

REY	¿Tú a mí
	te atreves? ¡Enrique, Enrique!
	Detén el puñal, ya muero.
ENRIQUE	¿Hay confusiones° más tristes?[34]

misunderstandings

Cáesele la daga al Infante [don ENRIQUE].[35]

Mejor es volver la espalda,
y aun ausentarme y partirme
donde en mi vida te vea,
porque de mí no imagines
que puedo verter° tu sangre   spill
yo, mil veces infelice.[36]

Vase.

REY ¡Válgame el cielo! ¿Qué es esto?
¡Ah, qué aprehensión insufrible![37]
Bañado me vi en mi sangre;
muerto estuve. ¿Qué infelice
imaginación 'me cerca,°   besieges me
que con espantos horribles
y con helados temores
el pecho y el alma oprime?°   weighs down
Ruego a Dios que estos principios
no lleguen a tales fines,

---

[34] Cruickshank and Fox/Hindley reproduce this verse as I have, although Cruickshank notes that **Ay** instead of **Hay** is possible because of Calderón's inconsistent spelling habits. Jones reproduces "¡**Ay** confusiones más tristes!"

[35] *Cáesele... The Prince drops the dagger.*

[36] Once again the antiquated form of **infeliz** is needed for the rhyme. It is used with frequency in this conversation between Enrique and Pedro as an oral leitmotif that augurs badly for the future relationship between the two brothers (also see four verses below). Gutierre's use of the word later (p. 149, l. 10) furthermore ties his fate to that of Enrique and Pedro.

[37] **qué aprehensión...!** *what an unbearable premonition!*

que con diluvios de sangre
el mundo se escandalice.[38]

Vase por otra puerta [el REY],
5   *y sale don GUTIERRE.*

GUTIERRE   Todo es prodigios el día.[39]
                   Con asombros° tan terribles,   revelations
                   de que yo estaba escondido
10   no es mucho que el Rey se olvide.[40]
                   ¡Válgame Dios! ¿Qué escuché?
                   Mas ¿para qué lo repite
                   la lengua, cuando mi agravio
                   con mi desdicha se mide?[41]
15   Arranquemos° de una vez   Let us tear out
                   de tanto mal 'las raíces.°   the roots
                   Muera Mencía; su sangre
                   bañe el lecho donde asiste:[42]
                   y pues aqueste puñal
20

                           Levántale.[43]

                   hoy segunda vez 'me rinde°   yields to me
                   el Infante, con él muera.[44]
25   Mas no es bien que lo publique;

---

[38] **que con diluvios...** *that the world will [not] be shocked with a deluge of blood.* Pedro here imagines his death at Enrique's hands, much as Mencía feared death by Gutierre late in Act II. The accidental wounding of Pedro is an omen of his death by Enrique at Montiel in 1369. Consider the function of Pedro's paranoia toward Enrique in relation to the problems of Gutierre and Mencía.

[39] **Todo es...** *This day is full of monstrous events.*

[40] **no es mucho...** *it is no wonder the King forgot that I was hidden.*

[41] **cuando mi...** *when my injury is measured by (in terms of) my misfortune* (**mi desdicha**).

[42] **el lecho...** *the bed in which she rests.*

[43] The *le* in the stage direction refers to Enrique's dagger. It is an example of *leísmo.*

[44] **con él muera** *let (her) die with it* (i.e., the dagger).

Secrecy

porque si sé que el secreto
altas vitorias° consigue,   = victorias
y que agravio que es oculto
oculta venganza pide,⁴⁵
5   muera Mencía de suerte
que ninguno lo imagine.°   suspect
Pero antes que llegue a esto,
la vida el cielo me quite,
porque no vea tragedias
10   de un amor tan infelice.
¿Para cuándo, para cuándo
esos azules viriles⁴⁶
guardan 'un rayo?° ¿No es tiempo   a lightning bolt
de que sus puntas se vibren,⁴⁷
15   preciando de tan piadosos?
¿No hay, claros cielos, decidme,
para un desdichado muerte?
¿No hay un rayo para un triste?⁴⁸

20   *Vase [don GUTIERRE]. Salen [doña] MENCÍA y JACINTA.*⁴⁹

JACINTA   Señora, ¿qué tristeza
turba la admiración a tu belleza,⁵⁰
que la noche y el día
25   no haces sino llorar?

---

⁴⁵ **Mas no...** Gutierre will take care of his honor problem quietly, as this is the most prudent course of action. He therefore follows the dictum in one of Calderón's other conjugal honor plays: *A secreto agravio, secreta venganza.*

⁴⁶ **esos azules viriles** *those clear blue (skies).*

⁴⁷ ¿**No es...** *Is it not time for their sharp points (***puntas***) (of the lightning bolts) to flash (***se vibren***)?*

⁴⁸ Gutierre would prefer to be struck by a bolt of lightning from the sky (**claros cielos**) than do what he believes honor requires of him.

⁴⁹ The action takes place in Gutierre's house in Seville. Here begins a long passage of *silvas.*

⁵⁰ ¿**qué tristeza...** *"What sadness disturbs the wonder of your beauty?"* (Fox/Hindley)

MENCÍA   La pena mía
'no se rinde a razones.°   is beyond words
En una confusión de confusiones,
ni medidas, ni cuerdas,[51]
5   desde la noche triste, si te acuerdas,
que viviendo en la quinta,[52]
te dije que conmigo había, Jacinta,
hablado don Enrique
(no sé como mi mal te signifique)[53]
10   y tú después dijiste que no era
posible, porque afuera,
a aquella misma hora que yo digo,
el Infante también habló contigo,
estoy triste y dudosa,
15   confusa, divertida° y temerosa,   distracted
pensando que no fuese
Gutierre quien conmigo habló.
JACINTA   ¿Pues ése
es engaño° que pudo   deception
20   suceder?
MENCÍA   Sí, Jacinta, que no dudo
que de noche, 'y hablando
quedo,° y yo tan turbada, imaginando   and speaking so[ft]
en él mismo,[54] venía;
25   bien tal engaño suceder podía.
Con esto el verle° agora   le = Gutierre
conmigo alegre, y que consigo llora

---

[51] **ni medidas…** *neither moderate, nor reasonable.* Both adjectives modify **confusiones**.
[52] Remember that Gutierre moved his household from the country to the city. Mencía is of course referring to the scene in her garden at the end of Act II.
[53] **(no sé…)** *(I don't know how to express my malady).*
[54] **imaginando en…** *thinking about him* (i.e., Gutierre). Fox/Hindley believe that Mencía is referring to Gutierre, while Campbell's translation is "and thinking of the Prince." I believe there is a degree of ambiguity with regard to whom Mencía was thinking about in terms of the encounter in her garden at the end of Act II, although the remainder of Mencía's speech clearly refers to Gutierre.

(porque al fin los enojos,°   worries
que son grandes amigos de los ojos,
no les encubren nada),
me tiene en tantas penas anegada.[55]

5

Sale COQUÍN.

COQUÍN	Señora.
MENCÍA	¿Qué hay de nuevo?
10 COQUÍN	Apenas a contártelo me atrevo:
	don Enrique el Infante...
MENCÍA	Tente, Coquín, no pases adelante;
	que su nombre, no más, me causa espanto;
	tanto le temo, o le aborrezco tanto.
15 COQUÍN	No es de amor el suceso,
	y por eso lo digo.
MENCÍA	Y yo por eso
	lo escucharé.
COQUÍN	El Infante,
20	que fue, señora, tu imposible amante,
	con don Pedro su hermano
	hoy 'un lance° ha tenido (pero en vano a quarrel
	contártele pretendo,
	por no saberle[56] bien, o porque entiendo
25	que no son justas leyes
	que hombres de burlas hablen de los reyes):[57]
	esto aparte, en efeto,[58]
	Enrique me llamó, y con gran secreto

---

[55] **me tiene...** *drowns me with great sorrow.*

[56] Modern Spanish would employ **lo** instead of **le** in **saberle**, referring to **el lance**. The same phenomenon of *leísmo* is present in **contártele** in the previous verse.

[57] **que no son...** Coquín means that it is inappropriate that **hombres de burlas**, or *jokers* (as in modern colloquial English, i.e., men who cannot be taken seriously and who should be disparaged) like himself, gossip about kings (i.e., members of the royal family).

[58] **esto aparte, en efeto** *all this aside, in fact.*

dijo: "A doña Mencía
este recado da de parte mía:
que su desdén tirano
me ha quitado 'la gracia° de mi hermano,   the favor
5   y huyendo desta tierra,
hoy a la ajena patria me destierra,[59]
donde vivir no espero,
pues de Mencía aborrecido° muero."   spurned

MENCÍA   ¿Por mí el Infante ausente,
10   sin la gracia del Rey? ¡Cosa que intente
con novedad tan grande,
que mi opinión en voz del vulgo ande![60]
¿Qué haré, cielos?

JACINTA   Agora
15   el remedio mejor será, señora,
prevenir este daño.[61]

COQUÍN   ¿Cómo puede?°   i.e., Mencía

JACINTA   Rogándole al Infante que se quede;
pues si una vez se ausenta,
20   como dicen, por ti, será tu afrenta
pública,[62] que no es cosa
la ausencia de un infante tan dudosa[63]
que no se diga luego

---

[59] **hoy a la ajena...** The subject of **me destierra**, although possibly ambiguous, refers most likely to Mencía's rejection of Enrique (**su desdén tirano**) as the cause of his banishment to another homeland (**a la ajena patria**), an interpretation which the following two verses further emphasize. Wardropper, by contrast, interprets this verse as "he (i.e., Pedro) exiles me to someone else's natural land."

[60] **¡Cosa que...!** *To think that he would seek such an unusual course that my reputation would be talked about by the most common people!*

[61] **prevenir...** *to prevent this injury.* Note how the word **daño** is employed by both Jacinta and Mencía in this dialogue, which of course echoes earlier uses of the word with reference to injury to honor.

[62] **será tu afrenta pública** *your disgrace will be public.*

[63] **la ausencia...** A case of hiperbaton: **no es cosa tan dudosa la ausencia de un infante**, *it's not such a dubious thing the absence of a prince.* In other words, Enrique's very absence will be self damning and will provoke gossip.

cómo, y por qué.

COQUÍN   ¿Pues cuándo oirá ese ruego,
si, calzada la espuela,
ya en su imaginación Enrique vuela?[64]

JACINTA   Escribiéndole agora
un papel, en que diga 'mi señora°   i.e., Mencía
que a 'su opinión° conviene   her reputation
que no se ausente; pues para eso tiene
lugar,° si tú° le llevas.   time; i.e., Coquín

MENCÍA   'Pruebas de honor° son peligrosas pruebas;   tests of honor
pero con todo quiero
escribir el papel, pues considero,
y no con necio engaño,[65]
que es de dos daños éste el menor daño,
si hay menor en los daños que recibo.
Quedaos aquí los dos mientras yo escribo.

*Vase [*MENCÍA*].*

JACINTA   ¿Qué tienes estos días,
Coquín, que andas tan triste? ¿No solías
ser alegre? ¿Qué efeto°   cause
te tiene así?

COQUÍN   Metíme a ser discreto
por mi mal,[66] y hame dado
tan grande hipocondría en este lado
que me muero.

JACINTA   ¿Y qué es hipocondría?[67]

---

[64] **calzada la espuela,...** *with his spurs on, he already in his imagination flies* (i.e., in his own mind he is set to ride away).

[65] **y no con necio engaño** *and not without foolish self-deception.*

[66] **Metíme...** *I tried to be discreet, to my misfortune.*

[67] **Hipocondría** (hypochondria) was a melancholy illness thought during Calderón's time to be caused by a malfunction in one of the abdominal organs, called the "hypochondria" or "hypocondries." When excess melancholy was not filtered through the body, the

COQUÍN	Es una enfermedad que no la había
	habrá dos años, ni en el mundo era.
	Usóse poco ha,[68] y de manera
	lo que se usa, amiga, no se excusa,[69]
5	que una dama, sabiendo que se usa,
	le dijo a 'su galán° muy triste un día:	her suitor
	'Tráigame un poco uced[70] de hipocondría.'
	Mas señor entra agora.
JACINTA	¡Ay Dios! Voy a avisar a mi señora.
10	

Sale don GUTIERRE.

GUTIERRE	Tente, Jacinta, espera.
	¿Dónde corriendo vas desa manera?
15 JACINTA	Avisar pretendía°	I intended
	a mi señora de que ya venía
	tu persona.
GUTIERRE	[*Aparte*] (¡O crïados!,
	en efeto, 'enemigos no excusados;°	indispensable
20	turbados de temor los dos se han puesto).	enemies
	Ven acá, dime tú lo que hay en esto;
	dime, ¿por qué corrías?
JACINTA	Sólo por avisar de que venías,
	señor, a mi señora.
25 GUTIERRE	[*Aparte*] (Los labios sella.[71]
	Mas déste lo sabré mejor que della).
	Coquín, tú me has servido

---

result was pain in the side, as Coquín refers to above. It is described well in the *Diccionario de Autoridades*. Cruickshank (n. vv. 2419-28) also suggests that Coquín may be using the word in the modern sense of an imaginary illness.

[68] **Usóse poco ha** *It became the fashion not long ago.*

[69] **lo que se usa,..., no se excusa:** This verse is based on a proverbial expression meaning *what is fashionable, cannot be avoided.*

[70] **Uced** is a form of **vuestra Merced**, which later evolved into **usted.**

[71] **(Los labios sella.)** *(Her* [i.e., Jacinta's] *lips are sealed.)*

	noble siempre, en mi casa te has crïado:
	a ti vuelvo rendido;
	dime, dime por Dios lo que ha pasado.
COQUÍN	Señor, si algo supiera,
	de lástima no más te lo dijera.[72]
	¡Plegue a Dios, mi señor...!
GUTIERRE	¡No, no des voces!
	Di ¿a qué aquí te turbaste?
COQUÍN	Somos de buen turbar;[73] mas esto baste.
GUTIERRE	[Aparte] (Señas los dos se han hecho.
	Ya no son cobardías de provecho).[74]
	Idos de aquí los dos.

Vanse [COQUÍN y JACINTA].

                              Solos estamos,
honor, lleguemos ya; desdicha, vamos.
¿Quién vio en 'tantos enojos°   so many troubles
matar las manos, y llorar los ojos?

Descubre a doña MENCÍA escribiendo.[75]

Escribiendo Mencía
está; ya es fuerza ver lo que escribía.

Quítale el papel.

| MENCÍA | ¡Ay Dios! ¡Válgame el cielo! |

---

[72] de lástima... *out of compassion alone, I would tell you.*

[73] Somos de... *We are well* (i.e., understandably) *upset (by all this).*

[74] (Ya no...) *(Their cowardice is of no further use to me).* Gutierre means that neither Jacinta nor Coquín can help him in gaining more information.

[75] *Descubre...* This is another discovery scene in which Gutierre would open the center curtain on the stage to reveal Mencía writing.

Ella se desmaya.

GUTIERRE   Estatua viva se quedó de hielo.[76]

5   *Lee.*

'Vuestra Alteza, señor...[77] (¡Que por Alteza
vino mi honor a dar a tal bajeza!)
no se ausente...' Detente,
10   voz; pues le ruega aquí que no se ausente,
a tanto mal me ofrezco,
que casi las desdichas me agradezco.[78]
¿Si aquí le doy la muerte?
Mas esto ha de pensarse de otra suerte.
15   Despediré crïadas y crïados;
solos han de quedarse 'mis cuidados°   my cares
conmigo; y ya que ha sido
Mencía la mujer que yo he querido

20   *Escribe don GUTIERRE.*

más en mi vida, quiero
que en el último vale, en el postrero
parasismo,[79] me deba
25   la más nueva piedad, la acción más nueva;
ya que la cura he de aplicar postrera,
no muera el alma, aunque la vida muera.

---

[76] **Estatua...** A case of hiperbaton: **se quedó estatua viva de hielo,** *She has become a living statue turned to ice.* Consider why Mencía loses consciousness in various ways in the play.

[77] **'Vuestra Alteza...** In writing the *Infante,* Mencía employs the formal **Vuestra Alteza,** as she has done in many instances earlier.

[78] **que casi...** *that I am almost grateful for my misfortune.*

[79] **en el último vale...** *in the last farewell, in the final paroxysm (i.e., death).* **Parasismo** was also spelled **paroxysmo** in the Golden Age.

Vase [don GUTIERRE]. *Va volviendo en sí
doña* MENCÍA.[80]

MENCÍA   Señor, detén la espada,
5   no me juzgues culpada:
el cielo sabe que inocente muero.
¿Qué fiera mano, qué sangriento acero
en mi pecho ejecutas? ¡Tente, tente!
Una mujer no mates inocente.
10   Mas, ¿qué es esto? ¡Ay de mí! ¿No estaba agora
Gutierre aquí? ¿No vía;[81] '(¿quién lo ignora?)°   who could doubt it?
que en mi sangre bañada
moría, en rubias ondas anegada?[82]
¡Ay Dios, este desmayo
15   fue de mi vida aquí 'mortal ensayo!°   a fatal rehearsal
¡Qué ilusión! Por verdad lo dudo y creo.[83]
El papel romperé... ¿Pero qué veo?
De mi esposo es 'la letra,° y desta suerte   the handwriting
la sentencia 'me intima° de mi muerte.   he intimates to me
20

Lee.

El amor te adora, el honor te aborrece; y así
el uno te mata, y el otro te avisa: dos horas
25   tienes de vida; cristiana eres, salva el alma,
que la vida es imposible.

¡Válgame Dios! ¡Jacinta, hola! ¿Qué es esto?

---

[80] *Va volviendo...* Doña Mencía *begins to regain consciousness.*
[81] In the Golden Age both **vía** and **veía** were used. Here **vía** is needed for correct scansion.
[82] **en rubias ondas anegada?** *drowned in red waves* (i.e., blood)?
[83] Mencía imagines her bleeding to death at Gutierre's hands. Compare her fears of death at the end of Act II, as well as King Pedro's fears of death by Enrique's hand earlier in Act III.

¿Nadie responde? ¡Otro temor funesto!
¿No hay ninguna crïada?
Mas, ¡ay de mí!, la puerta está cerrada:°   locked
nadie en casa me escucha.
5   Mucha es mi turbación, mi pena es mucha.
Destas ventanas son los hierros rejas,[84]
y en vano a nadie le diré mis quejas,
que caen a unos jardines, donde apenas
habrá quien oiga repetidas penas.
10   ¿Dónde iré desta suerte,
tropezando° en la sombra de mi muerte?   stumbling

Vase [doña MENCÍA]. Salen el REY,
y don DIEGO.[85]

15

REY   En fin, ¿Enrique se fue?
DIEGO   Sí, señor; aquesta tarde
                salió de Sevilla.
REY   Creo
20   que ha presumido arrogante
                que él solamente de mí
                podrá en el mundo librarse.
                ¿Y dónde va?
DIEGO   'Yo presumo°   I assume
25   que a Consuegra.[86]

---

[84] **Destas ventanas...** A case of hiperbaton: [**Las**] **rejas destas ventanas son los hierros** *[The] grating of these windows are shackles* (i.e., prison bars). Mencía is both literally and metaphorically imprisoned in her room and house, so that no one can hear her or come to her aid.

[85] The remainder of Act III takes place in the streets of Seville as the King is carrying out his *ronda*. The space is quite fluid, as Pedro circulates in the city and encounters various individuals. The scene, or *cuadro*, begins in the *romance* in *á-e*.

[86] The reference to the town of **Consuegra** may have several functions. Cruickshank (n. vv. 2515-22) states that one of the D. Pedro ballads places the action in Consuegra, although this particular ballad is associated with one of Pedro's other victims, the *prior de San Juan*. Fox/Hindley (n. vv. 2514-8) point out that **Consuegra** was located close to

REY	Está el Infante
	Maestre[87] allí, y querrán los dos
	a mis espaldas vengarse
	de mí.
5 DIEGO	Tus hermanos son,
	y es forzoso que te amen
	como a hermano, y como a Rey
	te adoren: dos naturales
	obediencias° son. obligations
10 REY	Y Enrique,
	¿quién lleva que le acompañe?
DIEGO	Don Arias.
REY	Es 'su privanza.° his favorite
DIEGO	Música hay en esta calle.
15 REY	Vámonos llegando a ellos;
	quizá con lo que cantaren° = future subjunctive
	me divertiré.[88]
DIEGO	La música
	es antídoto a los males.

20

Cantan.

MÚSICOS	*El Infante don Enrique*
	hoy se despidió del Rey;
25	*'su pesadumbre° y su ausencia* his sorrow

---

the mountains of Montiel, where Enrique was to murder Pedro in 1369. Valbuena Briones (pp. 104-05) also suggests that Consuegra was associated with many national tragedies, although not specifically with King Pedro.

[87] **El Infante Maestre** refers to another of Pedro's three bastard brothers, Fadrique, the twin brother of Enrique, who was indeed Grand Master, or **Maestre**, of the Order of Santiago. Both Enrique and Fadrique conspired against Pedro, who had Fadrique killed in Seville in May 1358. The historical context of our play is very general, but it definitely occurs before Fadrique's death and in general it reflects the King's paranoia toward his brothers.

[88] **me divertiré** *I will amuse myself* (i.e., I will take my mind off my troubles).

quiera Dios que pare en bien.[89]

REY   ¡Qué triste voz! Vos, don Diego,
             echad por aquesa calle,
5   no se nos escape quien
             canta 'desatinos tales.°   such nonsense

Vase cada uno por su puerta, y salen
don GUTIERRE y LUDOVICO,
10   *cubierto el rostro.*

GUTIERRE   Entra, no tengas temor;
             que ya es tiempo que destape
             tu rostro, y encubra el mío.[90]
15 LUDOVICO ¡Válgame Dios!
    GUTIERRE   No te espante
             nada que vieres.°   = future subjunctive
    LUDOVICO   Señor,
             de mi casa me sacasteis
20   esta noche; pero apenas
             me tuvisteis en la calle,
             cuando un puñal me pusisteis
             al pecho, sin que cobarde
             vuestro intento resistiese,
25   que fue cubrirme y taparme
             el rostro, y darme mil vueltas
             luego a 'mis propios umbrales.°   my own thresho
             Dijisteis más, que mi vida
             estaba en no destaparme;

---

[89] Calderón's ballad imitates the Don Pedro ballad cycle by suggesting that the future relationship between the two brothers is likely to be negative, which of course confirms what has been revealed earlier in our play.

[90] **que ya es...** *for now it is time for you to uncover your face and for me to conceal mine.* The covering and uncovering of one's face in this scene will be very important.

un hora he andado con vos,
sin saber por dónde ande.
Y con ser la admiración°   astonishment
de aqueste caso tan grave,
más me turba y me suspende
impensadamente° hallarme   unexpectedly
en una casa tan rica,
sin ver que la habite nadie
sino vos, habiéndoos visto
siempre ese embozo delante.[91]
¿Qué me queréis?

GUTIERRE   Que te esperes
aquí sólo un breve instante.

Vase [don GUTIERRE].

LUDOVICO   ¿Qué confusiones son éstas,
que a tal extremo me traen?
¡Válgame Dios!

Vuelve [don GUTIERRE].

GUTIERRE   Tiempo es ya
de que entres aquí; mas antes
escúchame: aqueste acero
será de tu pecho esmalte,[92]
si resistes lo que yo
tengo agora de mandarte.
'Asómate a ese aposento.°   look into that room
¿Qué ves en él?

LUDOVICO   Una imagen

---

[91] **habiéndoos...** *only having seen you muffled up.* The term **embozo** referred to the covering of one's face, up to the eyes (*Diccionario de Autoridades*).

[92] **aqueste acero...** *this blade will decorate your chest (with your blood).*

de la muerte, 'un bulto° veo,   a shape
que sobre una cama yace;
dos velas tiene a los lados,
y 'un crucifijo° delante.   a crucifix
5   Quién es no puedo decir,
que 'con unos tafetanes°   with a silk scarf
el rostro tiene cubierto.

GUTIERRE   Pues a ese 'vivo cadáver°   living corpse
que ves, has de dar la muerte.

10   LUDOVICO   Pues ¿qué quieres?
GUTIERRE   Que la sangres,
y la dejes, que rendida
a su violencia desmaye
la fuerza,[93] y que en tanto horror
15   tú atrevido la acompañes,
hasta que por breve herida
ella expire y 'se desangre.°   loses all her bloc
No tienes a qué apelar,°   appeal
si buscas en mí piedades,
20   sino obedecer, si quieres
vivir.

LUDOVICO   Señor, tan cobarde
te escucho, que no podré
obedecerte.

25   GUTIERRE   Quien hace
por consejos rigurosos
mayores temeridades,°   recklessness
darte la muerte sabrá.[94]

---

[93] **Que la sangres...** *To bleed her and leave her, so that yielding to the violence (of the bloodletting), her strength will weaken.* As physician (**médico**), Gutierre is ordering the bleeding of his patient, Mencía, and Ludovico as **sangrador** will carry out the bloodletting. Bloodletting was a common remedy for many ailments during Calderón's time. The profession of bloodletter was considered a fairly low one in the Golden Age (Cruickshank, n. vv. 2585-91).

[94] **Quien hace...** Gutierre makes it clear that if Ludovico does not carry out his

LUDOVICO	Fuerza es que mi vida guarde.
GUTIERRE	Y haces bien, porque en el mundo
	ya hay quien viva porque mate.[95]
	Desde aquí te estoy mirando,
	Ludovico: entra delante.

Vase LUDOVICO.

Éste fue el más fuerte medio
para que mi afrenta acabe
disimulada, supuesto
que el veneno fuera fácil
de averiguar, las heridas
imposibles de ocultarse.[96]
Y así, constando la muerte,[97]
y diciendo que fue lance
forzoso hacer la sangría,
ninguno podrá probarme
lo contrario, si es posible
que una venda se desate.
Haber traído a este hombre
con recato° semejante   precaution
fue bien; pues si descubierto
viniera, y viera sangrarse
una mujer, y por fuerza,
fuera presunción notable.[98]

---

orders, Gutierre will kill him.

[95] **ya hay...** *there's [bound to be] someone who lives for killing.* Gutierre means that he can find someone else to carry out this deed, if Ludovico will not comply with his plans.

[96] **Éste fue...** Gutierre convinces himself that this course of action is the best way to keep his affront secret, since poison would be easy to detect and it would be impossible to hide wounds (from stabbing).

[97] **constando la muerte** *when the death becomes known.*

[98] **fuera...** Gutierre continues his thoughts about his plans to eliminate Mencía, saying that if Ludovico, uncovered or unblindfolded (**descubierto**), were to see a woman bled, by force, the presumption (that it was a killing) would have been clear.

Éste no podrá decir,
cuando cuente 'aqueste trance,°   this peril (of dea▮
quién fue la mujer; demás
que, cuando de aquí le saque,
5   muy lejos ya de mi casa,
estoy dispuesto a matarle.⁹⁹
Médico soy de mi honor,
la vida pretendo darle
con una sangría; que todos
10   curan a costa de sangre.

Vase [don GUTIERRE] y vuelven el REY y don DIEGO,
*cada uno por su puerta; y cantan dentro.*¹⁰⁰

15 MÚSICOS   *Para Consuegra camina,*
donde piensa que han de ser
teatros de mil tragedias
*las montañas de Montiel.*¹⁰¹

20 REY   Don Diego.
DIEGO   ¿Señor?
REY   Supuesto
que cantan en esta calle,
¿no hemos de saber quién es?
25   ¿Habla por ventura el aire?
DIEGO   'No te desvele,° señor,   don't lose sleep
oír estas necedades,

⁹⁹ As the culmination of his crime, Gutierre reveals that he is prepared to kill Ludovico later.

¹⁰⁰ Pedro continues his rounds, but is closer now to Gutierre's house.

¹⁰¹ This ballad referring to Enrique's exile imitates others in the Don Pedro ballad cycle which foretold Pedro's death at Enrique's hands in 1369. Calderón's audience would have been familiar with this ballad tradition. Note how the song continues the earlier ballad in Act III (p. 159, ll.23-25), as well as the clear association of Consuegra with Montiel.

porque a vuestro enojo ya
versos en Sevilla se hacen.

REY   Dos hombres vienen aquí.

DIEGO   Es verdad: no hay que esperarles

5   respuesta. Hoy el conocerles
me importa.[102]

Saca don GUTIERRE a LUDOVICO, tapado el rostro.

10 GUTIERRE   [*Aparte*] (¡Qué así me ataje
el cielo, que con la muerte
deste hombre eche otra llave
al secreto! Ya me es fuerza
de aquestos dos retirarme;

15   que nada me está peor
que conocerme en tal parte.
Dejaréle en este puesto.)[103]

[Vase don GUTIERRE].

20

DIEGO   De los dos, señor, que antes
venían, se volvió el uno
y el otro se quedó.

REY   A darme

25   confusión; que si le veo
a la poca luz que esparce
la luna, no tiene forma
su rostro: confusa imagen

---

[102] Cruickshank and Fox/Hindley question whether this speech attribution, in all early editions to Don Diego, as well as the previous verse attributed to Don Pedro, should not be reversed. Fox/Hindley have reversed the attributions. I have followed the other editors, who reproduce the speech attributions of the early editions.

[103] (¡Qué así me ataje el cielo...) (*Thus heaven prevents me from...*). Although Gutierre had planned to eliminate Ludovico as witness to his deed, he must leave the bloodletter in the street in order to avoid discovery by Don Diego and the King.

	el bulto mal acabado
	parece de un blanco jaspe.[104]
DIEGO	Téngase su Majestad,
	que yo llegaré.
5 REY	Dejadme,
	don Diego. ¿Quién eres, hombre?
LUDOVICO	Dos confusiones son parte,
	señor, a no responderos:
	la una, la humildad que trae
10	consigo un pobre oficial,° workman

Descúbrese.°   he uncovers his █

	para que con reyes hable
15	(que ya os conocí en la voz,
	luz que tan notorio os hace);
	la otra, la novedad
	del suceso más notable
	que el vulgo, archivo confuso,
20	califica en sus anales.[105]
REY	¿Qué os ha sucedido?
LUDOVICO	A vos
	lo diré; escuchadme aparte.
REY	Retiraos allí, don Diego.
25 DIEGO	[*Aparte*] (Sucesos son admirables
	cuantos esta noche veo:
	Dios con bien della me saque).[106]

---

[104] **confusa imagen...** Pedro describes Ludovico's face, which is still covered: *the poorly finished shape seems a puzzling image of a white jasper.*

[105] **que el vulgo...** *which the common people, confused archive [that they are], will maintain in their annals.* It was common for characters in the Golden Age theater to be critical of the gossipy nature of the common people; see the *Diccionario de Autoridades* definition of **vulgo.**

[106] **Dios con...** *May God get me out of if (= della, of the night).* Don Diego is overwhelmed by the strange occurrences during his night rounds with the King.

LUDOVICO   No la vi el rostro, mas sólo
entre repetidos ayes°   moans
escuché: 'Inocente muero;
el cielo no te demande

5   mi muerte.' Esto dijo, y luego
expiró; y en este instante,
el hombre mató la luz,
y por los pasos que antes
entré, salí. Sintió ruido

10   al llegar a aquesta calle,
y dejóme en ella solo.
Fáltame ahora de avisarte,
señor, que saqué bañadas
las manos en roja sangre,

15   y que fui por las paredes
como que quise arrimarme,[107]
manchando todas las puertas,
por si pueden las señales
descubrir° la casa.   identify

20 REY   Bien
hicisteis: venid a hablarme
con lo que hubiereis sabido,
y tomad este diamante,
y decid que por las señas

25   dél[108] os permitan hablarme
a cualquier hora que vais.
LUDOVICO   El cielo, señor, os guarde.

Vase [LUDOVICO].

30

---

[107] **que saqué…** *that I left with my hands bathed in red blood as if I needed to press myself [against the walls].* Remember that Ludovico's face was covered as Gutierre led him out of the house.

[108] **dél** = **de él** (i.e., of the diamond).

REY	Vamos, don Diego.
DIEGO	¿Qué es eso?
REY	El suceso más notable
	del mundo.
5 DIEGO	Triste has quedado.
REY	Forzoso ha sido asombrarme.
DIEGO	Vente a acostar, que ya el día
	entre dorados celajes[109]
	asoma.
10 REY	No he de poder
	sosegar,° hasta que halle rest
	una casa que deseo.
DIEGO	¿No miras que ya el sol sale,
	y que podrán conocerte
15	desta suerte?

Sale COQUÍN.

COQUÍN	Aunque me mates,
20	habiéndote conocido,
	o señor, tengo de hablarte:
	escúchame.[110]
REY	Pues, Coquín,
	¿de qué los extremos son?
25 COQUÍN	Ésta es una honrada acción
	de hombre bien nacido, en fin;
	que aunque hombre me consideras
	de burlas, con loco humor,
	llegando a veras, señor,
30	soy hombre de muchas veras.[111]

---

[109] **entre dorados celajes** *among golden wisps of clouds.*

[110] A passage of *redondillas* begins here.

[111] **que aunque...** A case of hiperbaton: **que aunque me consideras hombre de burlas...** Coquín means that although Pedro considers him to be an **hombre de burlas**, a joker (i.e., a man not to be taken seriously, with crazy humor), [when it] comes to the

Oye lo que he de decir,
pues de veras vengo a hablar;
que quiero hacerte llorar,
ya que no puedo reír.[112]

5   Gutierre, mal informado
por 'aparentes recelos,°   unfounded
llegó a tener viles celos   suspicions
de su honor; y hoy, obligado
a tal sospecha, que halló

10 escribiendo (¡error crüel!)[113]
para el Infante un papel
a su esposa, que intentó
con él° que no se ausentase,   = el papel
porque ella causa no fuese

15 de que en Sevilla se viese
la novedad que causase
pensar que ella le ausentaba...[114]
con esta inocencia pues
(que a mí me consta),[115] con pies

20 cobardes, adonde estaba
llegó, y el papel tomó,
y, sus celos declarados,
despidiendo a los crïados,
todas las puertas cerró,

---

truth and serious matters (**llegando a veras**), he is a man of much seriousness and truth (**hombre de muchas veras**). The terms **de veras** and **de burlas** were opposites in the Golden Age, as were the corresponding **hombre de burlas** and **hombre de veras**. See the *Diccionario de Autoridades* for full definitions of these terms.

[112] **que quiero...** *I wish to make you weep since I myself cannot laugh.* In other words, Coquín wants the King to share his sadness about Mencía and Gutierre's situation.

[113] **(¡error crüel!)** Coquín's exclamation may be ambiguous, to judge from the versions of the two translators. Fox/Hindley's translation sees the referent as Mencía (her error in writing Enrique), while Campbell views Gutierre as the one who commits the error (in misjudging Mencía's decision to write the *Infante*).

[114] **que ella le ausentaba...** *that she was the cause of his absence.*

[115] **(que a mí me consta)** *(which is very clear to me).*

solo que quedó con ella.
Yo, enternecido° de ver   moved to compa
una infelice mujer,   sion
perseguida de su estrella,
5   vengo, señor, a avisarte
que tu brazo altivo y fuerte
hoy la libre de la muerte.[116]

REY   ¿Con qué he de poder pagarte
tal piedad?

10 COQUÍN   Con darme aprisa
libre, sin más accidentes,
de la acción contra mis dientes.[117]

REY   No es ahora tiempo de risa.
COQUÍN   ¿Cuándo lo fue?

15 REY   Y pues el día
aun no se muestra, lleguemos,
don Diego. Así, pues, daremos
color a una industria mía,[118]
de entrar en casa mejor,
20   diciendo que me ha cogido
el día cerca, y he querido
disimular el color
del vestido;[119] y una vez
allá, el estado veremos
25   del suceso; y así haremos
como Rey, Supremo Juez.

DIEGO   No hubiera industria mejor.

---

[116] Coquín, unaware of what has happened to Mencía, believes that the King can prevent her death.

[117] Coquín responds that the King can repay him by freeing him from the action (i.e., the wager) against his teeth.

[118] **daremos color...** *we'll use the pretext of a plan of mine.*

[119] **diciendo que...** Pedro plans to use the fact of the approaching dawn and his need to conceal his colored cloak as a pretext to enter Gutierre's house. Remember that red-colored capes (**la capa de color**) were worn at night (hence, during the King's rounds) and black ones during the daytime (see the note to the stage direction for p. 106, ll. 6-8).

COQUÍN	De su casa lo has tratado
	tan cerca, que ya has llegado;
	que ésta es su casa, señor.
REY	Don Diego, espera.
5 DIEGO	¿Qué ves?
REY	¿No ves 'sangrienta una mano
	impresa° en la puerta?
DIEGO	Es llano.[120]
REY	[*Aparte*] (Gutierre sin duda es
10	el crüel que anoche hizo
	una acción tan inclemente.°
	No sé qué hacer; cuerdamente
	sus agravios satisfizo.)[121]

° a bloody handprint

° merciless

15

Salen doña LEONOR *y* [INÉS], *criada.*

LEONOR	Salgo a misa antes del día,
	porque ninguno me vea
	en Sevilla, donde crea
20	que olvido la pena mía.[122]
	Mas gente hay aquí. ¡Ay, Inés!
	El Rey, ¿qué hará en esta casa?
INÉS	Tápate° en tanto que pasa.
REY	Acción excusada° es,
25	porque ya estáis conocida.
LEONOR	No fue encubrirme, señor,
	por excusar el honor
	de dar a tus pies la vida.
REY	Esa acción es para mí,

° veil your face

° useless

---

[120] **Es llano.** *It's plain* (i.e., clear).

[121] **cuerdamente...** *he satisfied his injuries sanely* (i.e., appropriately according to the honor code). Consider the possible reasons for the King's seemingly contradictory reactions to the evidence of Gutierre's deed in this *Aparte*.

[122] **donde crea...** *where anyone* [*who sees me*] *may believe that I have forgotten my injury.* Leonor goes to mass early so that no one will see her, as she still feels dishonored.

          de recatarme de vos,
          pues sois acreedor, por Dios,
          de mis honras;[123] que yo os di
          palabra, y con gran razón,
5   de que he de satisfacer
          vuestro honor; y lo he de hacer
          en la primera ocasión.

                    Don GUTIERRE, dentro.

10
GUTIERRE   Hoy me he de desesperar,[124]
            cielo crüel, si no baja
            un rayo de esas esferas
            y 'en cenizas me desata.°   reduce me to ash
15 REY   ¿Qué es esto?
    DIEGO   Loco furioso
            don Gutierre de su casa
            sale.[125]
    REY   ¿Dónde vais, Gutierre?
20 GUTIERRE A besar, señor, tus plantas;
            y de la mayor desdicha,
            de la tragedia más rara,
            escucha la admiración
            que eleva, admira y espanta.
25   Mencía, mi amada esposa,
            tan hermosa como casta,
            virtüosa como bella

---

[123] **Esa acción...** Pedro makes it clear that he still recognizes his obligation to restore Leonor's honor. For this reason, he says that he should be hiding himself from her, for she is creditor (**acreedor**) of his honor. Remember that Arias and Leonor used imagery relating to debts and credit with reference to Leonor's honor at the end of Act II.

[124] **me he de desesperar** *I will kill myself.* Here begins the final verse form of the play, the *romance* in *á-a.*

[125] **Loco furioso...** Gutierre comes out of his house in a frenzy, like a mad man. Remember that the King has been outside Gutierre's house. Fox/Hindley add a stage direction at this point in the text.

(dígalo a voces la fama):
Mencía, a quien adoré
con la vida y con el alma,
anoche a un grave accidente
vio su perfección postrada,°   laid low
por desmentirla divina
este accidente de humana.[126]
Un médico, que lo es
el de mayor nombre y fama,
y el que en el mundo merece
inmortales alabanzas,
la recetó una sangría,
porque con ella esperaba
restituir la salud
a un mal de tanta importancia.[127]
Sangróse en fin;[128] que yo mismo,
por estar sola la casa,
llamé el barbero,[129] no habiendo
ni crïados ni crïadas.
A verla en su cuarto, pues,
quise entrar esta mañana
(aquí la lengua enmudece,°   becomes mute
aquí el aliento me falta);
veo de funesta sangre
teñida° toda la cama,   stained
toda la ropa cubierta,
y que en ella, ¡ay Dios!, estaba
Mencía, que se había muerto

---

[126] **por desmentirla…** *this human accident belying her divinity.*

[127] Using familiar medical metaphors, Gutierre is at once inventing a story to cover up his deed, at the same time that he is letting the King know that he has thus solved his honor problem.

[128] **Sangróse…** *In short, she was bled*

[129] **Llamé el barbero** Remember that modern Spanish would use **al barbero**. Barbers, as well as bloodletters, carried out bloodlettings in the Golden Age.

esta noche desangrada.[130]
Ya se ve cuán fácilmente
'una venda se desata.°   a bandage comes
¿Pero para qué presumo   loose
5   reducir hoy a palabras
tan lastimosas desdichas?
Vuelve a esta parte la cara,
y verás sangriento el sol,
verás la luna eclipsada,
10   deslucidas las estrellas,
y las esferas borradas;
y verás a la hermosura
más triste y más desdichada,
que por darme mayor muerte,
15   no me ha dejado sin alma.

Descubre a doña MENCÍA *en una cama, desangrada.*[131]

REY   [*Aparte*] ¡Notable sujeto! (Aquí
20   la prudencia es de importancia:
mucho en reportarme haré:[132]
tomó notable° venganza).   remarkable
Cubrid ese horror que asombra,[133]
ese prodigio que espanta,
25   espectáculo que admira,
símbolo de la desgracia.
Gutierre, menester es
consuelo; y porque le haya
en pérdida que es tan grande,

---

[130] **desangrada** *from loss of blood* (i.e., bled to death).

[131] ***Descubre...*** *He reveals Doña Mencía in a bed, drained of blood.* Gutierre would open one of the inner curtains at the center of the stage, in another discovery scene.

[132] **mucho en...** *I will do well to control my impulses.*

[133] **Cubrid...** At Pedro's request, Gutierre presumably closes the inner curtains, in order to hide Mencía's body.

con otra tanta ganancia,
dadle la mano a Leonor;[134]
que es tiempo que satisfaga
vuestro valor lo que debe,
5 y yo cumpla la palabra
de volver en la ocasión
por su valor y su fama.

GUTIERRE Señor, si de tanto fuego
aún las cenizas se hallan
10 calientes, dadme lugar
para que llore mis ansias.
¿No queréis que escarmentado
quede?[135]

REY   Esto ha de ser, y basta.

15 GUTIERRE Señor, ¿queréis que otra vez,
no libre de la borrasca,
vuelva al mar? ¿Con qué disculpa?°   excuse

REY Con que vuestro Rey lo manda.

GUTIERRE Señor, escuchad aparte
20 disculpas.°   reasons

REY   Son excusadas.°   pointless
¿Cuáles son?

GUTIERRE   ¿Si vuelvo a verme
en desdichas tan extrañas,
25 que de noche halle embozado°   muffled up
a vuestro hermano en mi casa?

REY No dar crédito a sospechas.

GUTIERRE ¿Y si detrás de mi cama
hallase tal vez, señor,
30 de don Enrique la daga?

REY Presumir que hay en el mundo

---

[134] **en pérdida...** Note the mercantile language employed by the King in referring to Gutierre's loss (Mencía) and his present gain (Leonor).

[135] **¿No queréis...** *Don't you want me to learn from this experience?*

	mil 'sobornadas crïadas,°	bribed servants
	y apelar a la cordura.°	common sense
GUTIERRE	A veces, señor, no basta.	
	¿Si veo rondar[136] después	
5	de noche y de día mi casa?	
REY	'Quejárseme a mí.°	complain to me
GUTIERRE	¿Y si cuando	
	llego a quejarme, me aguarda	
	mayor desdicha escuchando?	
10 REY	¿Qué importa si él desengaña;[137]	
	que fue siempre su hermosura	
	una constante muralla	
	de los vientos defendida?	
GUTIERRE	¿Y si volviendo a mi casa	
15	hallo algún papel que pide	
	que el Infante no se vaya?	
REY	Para todo habrá remedio.	
GUTIERRE	¿Posible es que a esto le haya?	
REY	Sí, Gutierre.	
20 GUTIERRE	¿Cuál, señor?	
REY	Uno vuestro.	
GUTIERRE	¿Qué es?	
REY	Sangralla.[138]	
GUTIERRE	¿Qué decís?	
25 REY	Que hagáis borrar	

---

[136] In this passage **rondar** means *to hang around* (i.e., to haunt the streets as a suitor).

[137] **¿Qué importa...** *What does it matter if he* (i.e., Enrique) *reveals the truth.* Pedro is referring to the conversation between Enrique and Pedro at the beginning of Act III when the King tried to determine whether Gutierre had been dishonored by his brother. As Pedro continues, he affirms that Mencía had always been faithful to Gutierre.

[138] Only now does the King let Gutierre know that he knows that Gutierre had Mencía killed. Consider how Gutierre examines the King in light of a future problem with his honor, as he also recapitulates the events by which Enrique compromised his honor. Is the King cruel in his final response to Gutierre, *Bleed her to death* (**Sangralla** = **Sangrarla**), or does he realize that with a man like Gutierre, and the honor code as it exists, there will be no other solution in the future? Consider also what Calderón wants to say about the King's role as giver of justice.

	las puertas de vuestra casa;	
	que hay mano sangrienta en ella.	
GUTIERRE	Los que de 'un oficio° tratan,	*a trade*
	ponen, señor, a las puertas	
5	'un escudo de sus armas:°	*a coat of arms*
	trato en honor, y así pongo	
	mi mano en sangre bañada	
	a la puerta; que el honor	
	con sangre, señor, se lava.	
10 REY	Dádsela, pues, a Leonor,	
	que yo sé que su alabanza	
	la merece.[139]	
GUTIERRE	Sí la doy.	
	Mas mira, que va bañada	
15	en sangre, Leonor.	
LEONOR	No importa;	
	que no me admira ni espanta.	
GUTIERRE	Mira que médico he sido	
	de mi honra; no está olvidada	
20	la ciencia.	
LEONOR	Cura con ella	
	mi vida, en estando mala.[140]	
GUTIERRE	Pues con esa condición	
	te la doy. Con esto acaba	
25	*el médico de su honra.*	
	Perdonad sus muchas faltas.[141]	

FIN DE LA COMEDIA

---

[139] **que yo sé...** *for I know that she deserves your praise* (i.e., she is a good match).

[140] **Mira que...** Gutierre lets Leonor know that he will do the same thing with Leonor that he did with Mencía, while Leonor lets Gutierre know that she understands the rules of the game and that he can expect that she will not need any cure to her life (**vida**), which throughout the play has been equated with honor (**honra** in Gutierre's previous speech).

[141] **Perdonad...** A humble verse similar to this one was a common formulaic ending to Golden Age plays, but it may also refer to the errors (**faltas**) of the full array of characters of the play, and not just those of Gutierre.

Spanish-English Glossary

This glossary includes the lexical items and proper names glossed in the margins and translated or explicated in the footnotes, as well as some words that might not be part of the undergraduate student's active vocabulary. It indicates the various meanings of the same word, as employed by Calderón in *El médico de su honra*. The glossary is not, however, a comprehensive dictionary, as there are other possible meanings and uses of the words that Calderón has employed in his play. Each word includes the appropriate definition(s), followed by the Act(s) in which the word appears. Verbs are given in the infinitive form, with stem changes and unusual forms in parentheses after the verb entry. Adjectives are listed in the masculine singular form, with -a marking the adjectives that end in o. The *adj.* abbreviation is used for words not easily recognized as adjectives. The following abbreviations are used:

adj..	adjective	*pl.*	plural
adv.	adverb	*p.p.*	past participle
conj.	conjunction	*prep.*	preposition
f.	feminine	*pres. part.*	present participle
m.	masculine	*S.D.*	stage direction
fig.	figurative usage	*sing.*	singular
inf.	infinitive	*subj.*	subjunctive

A

abismo *m.* chasm (II)
abonar to vouch (I)
aborrecer to abhor (III)
aborrecido -a spurned (II, III), abhorrent (II)
abrazar to embrace, to hug (II)
abrazo *m.* embrace, hug (II)

abrir to open (II)
absorto, -a transfixed (II)
acabado, -a finished (III)
acabar to end, to finish (III)
acaso *m.* chance, chance event (I)
acaso *adv.* perhaps (I, II); por — in case (I); si — what if (II)
accesoria *f.* servants' quarters (I)
accidente *m.* accident (III), attack (II);

sin más —s with no further delays (III)

acción *f.* action, act, deed (I, II, III); course (of action) (II)

acento *m.* tone, inflection, sound (I, II); *fig.*, cry (I)

acero *m.* steel, blade, sword (I, II, III)

achaque *m.* pretext (II)

acompañamiento *m.* attendants (I, II)

aconsejado, -a advised (I)

aconsejar to advise, to counsel, to give advice, to suggest (I, II)

acordarse (o › ue) to remember, to recall (III)

acortar to cut short (II)

acreditar to affirm, to vouch for, to be in good standing (III)

acreedor *m.* creditor (II, III)

acrisolarse to become purified (I)

Acteón Acteon. In Greek mythology, he was the hunter who, after spying on Diana, goddess of the hunt and of chastity, was changed into a stag by her as his punishment. (I)

acudir to come to one's aid, to seek (I), to attend to, to fulfill (I, II)

acuerdo *m.* agreement, accord; **con más** — with greater reflection (I)

adelante forward; **pasar** — to go on (I, II, III), to fulfill (I), to continue (II); **de aquí** — from now on (II)

aderezar to make ready (I)

adivinar to foretell, to divine (III)

admirable *adj.* astonishing (III)

admiración *f.* astonishment, wonder, wonderment (III)

admirar to amaze (III)

admitir to grant, to listen to, to submit to (I), to admit (III)

adorar to adore, to worship (I, II, III)

adormir (o › ue) to lull to sleep (I)

adquirir to acquire, to earn (I)

adular to flatter, to fawn upon (II)

advertir (e › ie) to take heed, to foretell

(II)

afectos *m.pl.* affections, feelings (I)

afrenta affront (II, III), disgrace (III)

agora = **ahora** (I, II, III)

agradar to please (II)

agradecer (first person present indicative **agradezco**) to thank (I, II), to be grateful (III)

agradecido, -a grateful (I)

agrados *m.pl.* pleasantries (II)

agraviar to offend (III)

agravio *m.* affront, grievance, injury, insult, offense, wrong (I, II, III)

aguardar to wait (I), to await (I, II, III), to expect (II)

aguas *f.pl.* colognes (I)

agüero *m.* omen (I)

águila *f.* eagle (I)

airado, -a enraged, furious (I)

aire *m.* air (I, II, III), breeze (II)

ajeno, -a another's, someone else's (I, III)

Alá Allah (I)

alabanza *f.* praise (III)

alado, -a winged (II)

albedrío *m.* free will (I)

alborotado, -a upset (II)

alcaide *m.* warden (II)

alcanzar to find (II)

alentar (e › ie) to beget (I), to inspire, to breathe life (II)

aleve *adj.* treacherous (II)

aliento *m.* breath (I, II, III), courage (I)

alma *f.* soul, heart, life (I, II, III)

alterarse to become alarmed (II)

Alteza *f.* (Your) Highness, (Your) Grace (used with **tu** and **vuestra** for varying degrees of formality and informality; see Introduction on Forms of Address), **por** — *fig.*, because of Highness

altivez *f.* arrogance (I)

altivo, -a haughty, proud (I, III)

alto, -a high (I), loud (I), great, exalted

(I, III), incredible (II)

alumbrar to light, to illuminate, to gleam (I)

alzar to rise (I)

amado, -a beloved (III)

amante lover (I, II, III)

ambos, -as both (III)

amén amen (I)

amistad *f.* friendship (II)

amo *m.* master (I, II)

amor *m.* love, affection (I, II, III)

amoroso, -a amorous, loving (II)

anales *m.pl.* archive (III)

anca *f.* haunch (I)

Andalucía Andalusia, region in southern Spain where Seville is located. (I)

andaluz *m.* Andalusian (I)

andante *adj.* **muerto andante** *fig.*, a dead squire (pun on **caballero andante**, knight errant) (II)

andar to walk, to go around, to be (III)

anegado, -a drowned (III)

anegarse to drown (I)

ángel *m.* angel (I, II)

animarse to be moved, to encourage oneself (I)

ánimo *m.* spirit (I)

ansí = **así** so, thus, in this way (I, II, III)

ansias *f.pl.* grief (III)

antes *adv.* before, rather (I, II, III); — **bien** on the contrary (II); **mas** — but first (III)

antídoto *m.* antidote (III)

antiguo, -a former, old (II)

antojos *m.pl.* fantasies (II)

año *m.* year; **ciento y un** —**s** *fig.*, a long time (II)

apacible *adj.* peaceful (III)

aparente *adj.* unfounded (III)

apartar to withdraw, to go away (I)

aparte *adv.* to one side (I); **escuchar** — to listen in private (III); **esto** — all

this aside (III)

Aparte S.D., *m.* aside (theatrical technique whereby an actor speaks to the audience) (I, II, III)

apasionado, -a impassioned (I)

apelar to appeal (I, III)

apenas *adv.* hardly, scarcely (II, III)

apercibido, -a prepared, ready (I)

apercibir to prepare (II); —**(se)** to submit itself to (III)

aplausos *m.pl.* applause (I)

aplicar to apply (I, II, III)

Apolo Apollo, Greek god of light, youth, health and prophecy. (III)

aposento *m.* room (I, II, III)

apostar (o › ue) to bet, to wager (II)

aprehensión *f.* suspicion (I), apprehension (II), premonition (III)

apretar (e › ie) to pressure (I)

aprieto *m.* distress (I)

aprisa *adv.* quickly (III)

aprisionado, -a imprisoned (I)

aprovechar: no — to be of no avail, to be of no use (II)

apurar to press, to question (I), to investigate, to examine, to determine (II)

aquesa = **esa** (III)

aquese = **ese** (I)

aquesta = **esta** (I, II, III)

aqueste = **este** (I, II)

aquestos = **estos** (III)

aquí in this place, here, now (I, II, III); **de** — **adelante** from now on (II)

archivo *m.* archive (III)

arder to burn; *pres. part.* **ardiendo** (I)

ardiente *adj.* burning, intense, fierce (II)

Argos Argos. In Greek mythology, a giant with one hundred eyes, famous for his vision and vigilance. (II)

argumento *m.* argument, illustration (I)

arguyendo *pres. part.* of **argüir** to argue (II)

Aristóteles Aristotle. The Greek

philosopher who wrote *De partibus animalium*, in which he defined man as a laughing animal. (II)

armar to arm (I)

armas *f.pl.* arms, weapons (I, III); **escudo de —s** coat of arms (III)

arrancar to pull out, to tear out (III)

arrebol *m.* crimson glow, reddish hue (I)

arrimarse to lean on, to press against (III)

arrogante *adj.* arrogant, haughty (III)

arrojar to throw off (I); **—se** to jump from (I)

arte *m.* art (II)

asaltar to assault (II)

ascua *f.* ember (I)

asegurar to ensure, to make certain (II)

así en rigor and thus indeed (I)

asiento *m.* place (I)

asistir to abide, to rest (III)

asno *m.* donkey, jackass (II)

asomar to show (III); **—se** to look into (III)

asombrar to catch one by surprise (II), to surprise, to shock (III); **—se** to be alarmed (II), to be astounded (III)

asombro *m.* fright (I), dread (II), revelation (III)

áspid asp (a small poisonous snake) (I)

asustarse to be frightened (II)

atajar to prevent (I, III), to stop (II)

atenerse (first person singular preterite, **atuve**) to have faith in (I)

atento -a *adv.* carefully, attentively (I)

Atlante Atlas. A Titan king who bore the weight of the heavens on his shoulders. (II, III)

átomo *m.* atom (II, III)

atrás *adv.* behind; **dejar —** to leave behind (III)

atreverse to dare (I, II, III)

atrevido, -a *adj.* daring, bold, brazen (II, III)

atrevimiento *m.* daring deed, bold act (I, II)

atribuir to attribute (II)

atropellar to trample (I)

aullar to howl (II)

aun even (I, II, III)

aún still (III)

aunque although, even though (I, II, III)

ausencia *f.* absence (I, II, III)

ausentarle a uno to cause another's absence (III); **ausentarse** to leave, to absent oneself (I, III)

ausente *adj.* absent (III)

ave *f.* bird (I, II)

aventurar to risk (I)

averiguar to investigate (I), to detect (III)

avisar to tell, to inform, to warn (II, III)

¡Ay! alas; **¡— de mí!** Woe is me! (I, II, III); **—es** *m.pl.* sighs, moans (III)

ayudar to aid, to help (II)

azores reales *m.pl.* royal goshawks, falcons; *fig.*, reference to Don Enrique as pursuer of Doña Mencía (II)

azul *adj.* blue; **—es viriles** *fig.*, clear blue [skies] (III); **campañas —es** blue fields, *fig.*, blue skies (II)

B

baile *m.* dance (II)

bajar to go down, to descend (I, III)

balaústre *m.* balustrade (II)

balcón *m.* balcony (I)

bañado, -a en sangre bathed in blood (I, II, III)

bañar to bathe (III)

barbecho *m.* fallow ground (II)

barbero *m.* barber (III). Barbers carried out bloodlettings in the Golden Age.

barbideshecho *m.* beardless face (an invented or coined word) (II)

basilisco *m.* basilisk. A mythological serpent, lizard or dragon whose gaze or breath could kill. (I)

bastante *adj.* enough (I)

bastar to be enough (I, II, III), to be sufficient (I, III)

batanado, -a beaten in a fulling mill (batán); **esportillas** —as baskets run through a fulling mill (I)

beber to drink (I, II)

beldad *f.* beauty (III)

belleza *f.* beauty (I, III), beautiful woman (III)

bello, -a beautiful, lovely (I, II, III)

bendito, -a blessed (III)

bene *Latin*, well, healthy; **De corpore** — ... Healthy in body ... (II)

besar to kiss (I, III)

bien *adv.* good, well (I, II, III); **antes** — on the contrary (II); — **haya** blessed is (II); **estar** — to be good, to be fitting (II, III), to be safe (I); **hombre de** — a good man (I); **hombre** — **nacido** a well-born man (III); **parar en** — to bring to a good end (III); **por** — **parecer** for the sake of appearances (II); **ser** — to be right (I, II, III); **si** — although (I, III)

bien *m.* favor (I, II, III); **mi** — my dear, my beloved, my love (II); **vengáis con** — welcome, it's good to see you (II)

bienvenida *f.* welcome; **dar la** — to welcome (I)

bigotera *f.* mustache guard (II)

bizarría *f.* splendor, elegance; **o por mejor** — or to put it more elegantly (I)

bizarro, -a daring, gallant (I)

blandido, -a brandished (I)

boca *f.* mouth (I, II); **guardar la** — to be silent about what might be harmful to one; *fig.*, to watch one's diet, following one's doctor's orders (II)

bocados *m.* mouthful; **comer a** — to eat by mouthfuls (II)

boda *f.* wedding (I)

borrado, -a erased (III)

borrar to erase (II), to wipe clean (III)

borrasca *f.* storm (III)

bosquejar to imagine, to suggest (I)

bramar to bellow (II)

brazo *m.* arm (I, II, III); *fig.*, legs (of horse) (I); **dar los** —**s** to embrace someone (II)

breve *adj.* brief (I, II, III), slight, limited (III)

brillante *adj.* brilliant, shining (III)

brillar to shine (I)

brío *m.* mettle (I)

bronce *m.* bronze (III)

bruto *m.* four-legged animal, referring here to Enrique's horse or to the horse that D. Gutierre gives to D. Enrique; *fig.*, a brute; an irrational, uncontrolled person (I)

bueno, -a good, well, healthy (I, II, III); **estar** — to be well, to be hearty (I, II); **sano y** — hale and hearty (II); **buen gusto** good humor (II); **somos de buen turbar** we are understandably upset (III)

buey *m.* ox (II)

bulto *m.* shape (I, III)

burla *f.* joke, mockery, light-hearted matter, jest; **hombre de** —**s** a joker, a man not to be taken seriously, a man with crazy humor (II, III)

burlar to frustrate, to foil, to deceive, to fool (II)

buscar to look for, to seek (I, II, III)

C

cabal *adj.* intact (I)

caballero *m.* gentleman, horseman, knight (I, II)

caballo *m.* horse, stallion (I, II)

cabeza *f.* head (I)

cabo *m.* end; **al** — **de** at the end of (I)

cada *adj.* each, every (I, II, III); *Vase [Vanse] — uno por su puerta* S.D. Each actor leaves through a different (stage) door (II, III).

cadáver *m.* corpse (III)

caer (*pres. part.* **cayendo**; third person singular preterite **cayó**) to fall (I, II, III). *Cáesele la daga al Infante* S.D. Enrique drops the dagger (III). Also see **cay**.

caída *f.* fall (I)

caja *f.* drum; **ruido de —** sound of drums (I)

calidad *f.* degree, nature (I)

caliente *adj.* warm (III)

calificar to maintain, to bear witness (III)

callar to be quiet (II, III), to keep quiet (I), to remain silent (II, III), to be silent (I)

calle *f.* street (I, II, III)

calma *f.* sadness, anxiety; stillness of the wind (II)

calzada la espuela with his spurs on (ready to ride) (III)

cama *f.* bed (I, II, III)

camarero *m.* chamberlain (I)

cambiar to change (I)

caminante *m.* traveler (II)

caminar to travel, to ride (III)

camino *m.* road (I); *Todos de —* S.D. Everyone is in traveling clothes (I)

campaña *f.* field; **—s azules** blue fields, *fig.*, blue skies (II)

campo *m.* field (I, II); dueling ground (I)

cancel *m.* screen (I)

cansar to tire, to weary (II)

cantar to sing (II, III). *Cantan dentro* S.D. They sing off stage (III).

cantidad *f.* sum (II)

capa *f.* cape (II); **— de color** red cape (worn at night in the Golden Age) (II)

capaz *adj.* capable (II)

capilla *f.* chapel (I)

capón *m.* eunuch (II)

cara *f.* face (I, III)

cárceles *f.pl.* prisons (I)

cargo *m.* charge, job, obligation; **a —** in charge (I)

carta *f.* letter (II); **— del examen** graduation diploma; letter of examination (the certificate required for any important position or honor in Golden Age Spain, proving one was free of Moorish or Jewish blood) (II); **tomar —s** to play cards (II)

casa *f.* house (I, II, III); **— de placer** country house (I)

casado, -a married (I)

casarse con to marry, to get married (I, II)

casi *adv.* almost (III)

caso *m.* case (II, III), instance (II)

castellano, -a Castilian (III)

castigar to punish (II)

castigo *m.* punishment (I)

Castilla Castile, the region located in the center of Spain. (I, II)

casto, -a chaste (III)

catre *m.* cot (I)

causa *f.* cause, reason, motive (I, II, III)

causar to cause, to be the cause (III)

cauteloso, -a cunning, wily (I)

cay diphthongized form of the verb **caer**; it replaces **cae** for rhyming purposes in "A tanto cay / San Infante don Enrique" (I).

caza *f.* hunt, hunting (I, II), game (II)

cebo *m.* bait, lure (I)

cédula *f.* name plate (II)

céfiro *m.* zephyr (a gentle wind from the west) (II)

celajes *m.pl.* wisps of clouds (III)

celebrado, -a celebrated, famous (II)

celebrar to praise, to venerate (I)

celemín *m.* dry measure (referring to an amount of horse feed) (I)

celos *m.pl.* jealousy (I, II, III)

celoso, -a jealous (I, III)

cena *f.* dinner (II)

cenizas *f.pl.* ashes (I, III)

centella *f.* spark (I)

cerca *adv.* near, close by (III)

cercar to assault, to besiege (II, III)

cerrado, -a locked (III)

cerrar (e › ie) to close (II), to lock (III); **—se** to reach the conclusion (II)

cesar to cease (II)

cetro *m.* scepter (II)

ciego, -a blind (I), blinded (II); *fig.*, bottomless (abyss) (II)

cielo *m.* Heaven, sky, heavens; ¡Plegue al — ...!; Please heaven that ...! (I); ¡Válgame el —! Heaven help me! (I, II, III); ¡Ay —s! Oh heavens! (I)

cien *n.* one hundred (I, II); **ciento y un año** *fig.*, a long time (II)

ciencia *f.* science (II, III)

cierto, -a certain; **Es —** It is true, it is certain (I, III); **tener por —** to consider; to be certain (II)

cifra *f.* code, secret writing (II)

ciudad *f.* city (II)

claro, -a clear, obvious (I, II, III)

cobarde *m./f.* coward (I, II)

cobarde *adj.* cowardly, fearful (II, III)

cobardía *f.* cowardice, cowardly act (III)

cobrar to regain, to recover, to receive what is due (I)

cofrade *m.* member of a brotherhood (I)

coger to grasp, to seize (II), to catch, to get caught (III)

color *m.* color, hue (I, II, III). (This noun was used both in the masculine and feminine in the Golden Age.) **capa de —** red-colored cape (worn at night in the Golden Age) (II, III); **dar — a**

to use the pretext of, to give credence to (III)

comedia *f.* play. In the Spanish Golden Age, the term was used for any three-act play, either of serious or humorous nature. (II, III)

comer to eat (II)

cometa *m.* comet (II). (This noun was used both in the masculine and feminine in the Golden Age.)

comida *f.* food (I)

como since, as, like (I, II, III); as long as, provided that (II); **— a escuras** as if it were dark (II); **— que** as if (II, III)

compañía *f.* company; **toda la —** all the men (I)

compás *m.* compass; mathematical instrument with two feet; **de —** in rhythm, keeping time (I)

competir (e › i) to compete (I, III)

cómplice *m.* accomplice (II)

comunicar to transmit (II)

con que so that, if, provided that, only (that) (III); **con ocasión de** with the pretext of (I); **con poca ocasión** with little cause, with little justification (III); **con razón** fittingly, reasonably, with justification, with reason (I, II, III); **con gran razón** with good cause (III); **con tanta razón** so fittingly (II)

conceder to grant (I)

concetos = **conceptos** *m.pl.* notions (I)

concierto *m.* agreement, wager (I)

condenar to condemn (II)

condición *f.* character, temperament (I); disposition (II); condition (III)

confesar (e › ie) to acknowledge, to admit, to confess, to declare (I, II)

confianza *f.* trust (II)

confiar to trust, to believe (I)

confirmar to confirm (II)

conformemente agreeably, equally, perfectly (II)

confusión *f.* confusion, misunderstanding, bewildering event (II, III)

confuso, -a confused (I, III); bewildered, puzzling (III)

conocer to know, to recognize (I, II, III)

conocido, -a recognized (II, III)

conquistado, -a conquered (I)

conseguir (e > i) (first person singular indicative **consigo**) to attain (I, III)

consejo *m.* advice (I, II, III)

consentir (e > ie) to consent (II)

considerar to consider, to judge (III)

consolar (o > ue) to console (II)

constante *adj.* constant (I), steadfast, unbreakable (III)

constar to realize, to recognize (II); to become known, to be clear (III)

Consuegra City, associated with D. Pedro, that was located in the mountains of Montiel, where Enrique murdered Pedro in 1369. (III)

consuelo *m.* comfort (I), consolation, reassurance (III)

consultar to ask oneself (I)

contar (o > ue) to tell, to relate (II, III)

contento *m.* contentment, laughter (I)

contento, -a content, happy (I, II)

contingencia *f.* chance (II)

contra *prep.* against (I, II, III)

contrario, -a different, contrary (III)

contrastar to be in opposition (III)

contrato *m.* contract (II)

convencer (first person singular indicative **convenzo**) to convince (II); —**se** to convince oneself, to be convinced (II)

convenir (e > ie) (first person singular indicative **convengo**) to be suitable, to be important, to be appropriate (I), to match (II), to be best (III)

convento *m.* convent (I)

corazón *m.* heart (II, III)

cordobés person from Córdoba (I)

cordura *f.* common sense (III)

coronado, -a crowned (I)

coronar to crown (III)

corpore *Latin,* body; **De** — **bene** ... Healthy in body ... (II)

correo *m.* courier, messenger; — **de a pie** mail service on foot (I)

correr to gallop (I), to run (II, III)

corresponder to handle (I), to match, to be equal to (II)

corrido, -a ashamed (II)

cortar to cut (I, III)

cortedad *f.* embarrassment, timidity (II)

cortina *f.* stage curtain (II)

cosquillas *f.pl.* tickling; **examinarse de** — to test oneself as a tickler (I)

costar to cost, to cause (I)

costumbre *f.* habit, custom (II)

cotejar to compare (II)

crecer (first person singular indicative **crezco**) to grow (II)

crédito *m.* belief, confidence; **dar** — to believe (III)

creer to believe (I, II, III)

criada *f.* female servant (I, II, III)

criado *m.* male servant (II, III)

criarse to be raised (III)

cristiano, -a Christian (III)

crítico, -a critical, crucial (II)

crucifijo *m.* crucifix (III)

cruel *adj.* cruel, hard hearted (I, II, III)

cuadra *f.* room (I, II)

cualquier, -a any (I, III)

cuán how (III)

cuando when (I, II, III)

cuanto as for, all that (I); **en** — **a** as for, as far as, with regard to (II)

cuantos, -as how many, so many, all those (II, III)

cuarto *m.* room (III)

cubierta *f.* envelope (II)

cubierto, -a covered (I, III)

cubrir to cover (II, III); —**se** to put on one's hat; *Cúbrese S.D.* He puts on his hat. (I)

cuchilla *f.* blade (I, II)

cuello *m.* neck (I)

cuentas *f.pl.* accounts (II)

cuento *m.* story (II)

cuerdamente sanely, prudently (III)

cuerdo, -a prudent (I), wise (II), sane, reasonable (III)

cuero *m.* leather (I)

cuerpo *m.* body (I, II); — **a** — in combat (I)

cuidado *m.* care, anxiety, apprehension (I, II, III), matter of the heart, love interest (I, II)

culpa *f.* guilt (I, II); **tener la** — to be to blame (II)

culpado, -a guilty (II, III)

culpar to blame (II)

cumplido, -a well deserved (I)

cumplimiento *m.* politeness (II)

cumplir to fulfill, to live up to (II); — **la palabra** to keep one's word (I, II)

cura *f.* cure (II, III)

curar to cure, to treat (II, III); —**se** to heal oneself (II)

curiosidad *f.* curiosity (I)

cuyo, -a whose (I, II, III)

D

daga *f.* dagger (II, III)

dama *f.* lady, noble woman (I, II, III)

daño *m.* damage, harm (II), injury (II, III)

dar (first person singular indicative **doy**; first and third person singular subjunctive **dé**) to give, to cause (I, II, III); — **color a** to use the pretext of, to give credence to (III); — **crédito** to believe (III); — **licencia** to allow, to give one's permission (I, II); — **lugar a** to give time to, to give occasion (III); — **ocasión** to give the opportunity (II); — **a entender** to let one understand (II); — **la bienvenida** to welcome (I); — **la mano** to give one's hand in marriage (I, III), to give one's hand to be kissed (allowing a gesture of respect from inferiors) (I, II); — **la muerte** to cause someone's death (II, III); — **los brazos** to hug, to embrace (II); — **las plantas** to give one's feet for someone to kiss (allowing a gesture of respect from inferiors) (I, II); — **palabra** to give one's word (I, III); — **parte** to inform (III); — **voces** to cry aloud (I), to scream, to shout (II, III); —**le mil vueltas** to turn someone around a thousand times (III); —**se a conocer** to make oneself known, to become known (I)

de *prep.* of, from, about (I, II, III)

deber to be indebted (III), must (I, II), to owe (I, II, III), to be obliged, to have to (I, II)

debido, -a due, required by duty (I)

decir (first person singular indicative **digo**; informal command **di**; *p.p.* **dicho**) to say, to tell, to state (I, II, III); — **mal** to be wrong, to lie (II)

declarado, -a manifest (III)

declarar to proclaim, to make known (II)

decreto *m.* decree (I)

defender (e > ie) to defend (I)

defendido, -a defended, maintained, protected (II, III)

defensible, *adj.* defensive (II)

defetos = defectos *m.pl.* defects, imperfections (III)

dejar to leave, to abandon (I, II, III), to allow (III); — **de** to stop, to fail to (I, III); **no** — **de** not to help but, not to fail to (II)

delante in front, ahead, before (I, II, III); — **de** *prep.* before, in front of (I, II, III)

deleitoso, -a delightful (III)

delirio *m.* delirium (II)

delito *m.* offense, transgression (II), crime (III)

demandar to require (III)

demás que besides that (III)

demostración *f.* demonstration, evidence (II)

dentro de *prep.* within, inside (II); ***Dentro****S.D.* Off stage (II, III)

desafiar to challenge (I)

desahuciar to lose hope in something, especially in the recuperation of sick patients (III)

desangrado, -a from loss of blood, bled to death (II, III)

desangrarse to lose all of one's blood, to bleed to death (III)

desatado, -a unbound (II)

desatar to be undone (II); to come loose, to let loose (III)

desatino *m.* nonsense (III)

desbocarse to run wild (I)

descansar to rest (I)

descanso *m.* repose (II)

descargo *m.* exoneration (I)

descarte *m.* discarding of cards (II)

descompostura *f.* discomposure (II)

desconfiado, -a distrustful (II)

desconfiar to distrust (II)

descortés *adj.* discourteous (I)

descubierto, -a uncovered, unblindfolded (III)

descubrir to discover (I); *S.D.* to open a stage curtain (as part of a discovery scene), to reveal (II, III); —**se** to uncover one's face, to reveal oneself (III); ***Descúbrese****S.D.* He uncovers his face. (III)

descuidado, -a unprepared (II)

desde *prep.* from, since (I, II, III)

desdén *m.* disdain, rejection (I), scorn (III)

desdeñar to disdain (I)

desdicha *f.* misfortune (I, II, III)

desdichado *m.* unfortunate man, wretch (III)

desdichado, -a wretched (III)

desear to wish for, to desire (I, II, III)

desengañado, -a disillusioned, one who learned from experience (I)

desengañar to make someone believe (II), to reveal the truth (III)

desengaño *m.* truth (I), proof of innocence (II), disenchantment (loss of illusions) (I, III)

deseo *m.* desire (I, II)

desesperarse to despair, to kill oneself (III)

desgracia *f.* misfortune (III)

deshacer to vanish, to dissipate (I), to destroy (I)

deshecha: hacer la — to dissemble (II)

deshonra *f.* dishonor (I, II)

desierto, -a deserted, barren (II)

desleal *adj.* disloyal (II)

deslucido, -a bereft of light (III)

desmayar to weaken (III); —**se** to faint (III)

desmayo *m.* loss of consciousness (I), fainting (III)

desmentir (e › ie) to belie (III)

desmerecer (first person singular present indicative **desmerezco**) to be undeserving (II)

desobligado, -a uncompromised, released from one's obligation (I)

despedazar to tear to pieces (II)

despedir (e › i) to dismiss (III); —**se de** to say goodbye, to take leave (III)

despego *m.* neglect (II)

despensero *m.* steward (I)

despeñar to cast down (I)

despertar (e › ie) to awaken (I, II)

despierto, -a awake (I)

despojos *m.pl.* spoils (I); **en —** in ruins (III)

desposorio *m.* betrothal (I)

despreciado, -a scorned (II)
desprecio *m.* disparagement (I)
después after, afterwards, later (I, II, III)
desquitarse to win back (II)
desta = de esta (I)
destaparse to uncover one's face (III)
desterrar (e > ie) to banish (III)
destruir to destroy (I, II)
desvelado, -a awake, sleepless; damas
—as women unaccompanied and out
in the streets late at night
(unacceptable behavior for women
in the Golden Age) (II)
desvelarse to lose sleep (III)
desvelo *m.* anxiety (I, II, III), distress,
worry (II)
detener (first person singular present
indicative detengo; informal
command detén); to wait, to delay,
to stop (I, II), to hold back (II, III), to
stay, to linger (I); —se to stop, to
pause (I, III)
determinado, -a determined, resolved
(II)
determinarse to decide (II)
detrás behind (I); — de *prep.* behind (I,
II, III)
deuda *f.* debt (II)
deudo *m.* relative (II)
deudor *m.* debtor (II)
día *m.* day, daylight (I, II, III), saint's day
(I)
diamante *m.* diamond (I, III)
dibujar to draw (II)
dicha *f.* good fortune, happiness (I, II)
dichoso, -a fortunate (I)
dientes *m.pl.* teeth (I, II, III)
diestro, -a skillful (I)
dieta *f.* diet (II)
diez the number ten; ¡Voto a —! =
¡Voto a Dios! I swear to God (I)
dificultad *f.* difficulty, obstacle; no fue
— it was not difficult (II)
difinición = definición *f.* definition (II)

dignidades *f.pl.* rankings (I)
digno, -a worthy (I)
dilatado, -a broad (I), prolonged (II)
dilatar to prolong (I), to delay (II); —se
to grow, to spread (I)
diligencia *f.* device, step (I)
diluvio *m.* deluge (I, III)
Dios *m.* God; ¡Ay —! Oh God!, Dear God!
(I, II, III); ¡Plegue a — ..! May it
please God (I), Please God (II, III);
¡Válgame —! God help me! (I, II, III);
¡Vive —! By God!, Good God!, As
God lives! (I, II)
discreto, -a discreet (I, III)
disculpa *f.* excuse, explanation, reason
(I, II, III), defense (I, II, III)
disculpado, -a excused (I, II)
disculpar to excuse (II), to explain (II);
—se to absolve onself (I), to excuse
oneself (I, II), to explain oneself (III)
discurrir to discourse, to speak (I)
discurso *m.* speech (I)
disgustarse to be angry (II)
disgusto *m.* unpleasantry (II)
disimuladamente secretly (II)
disimular to conceal (III), to hide (II,
III), to pretend (II)
disponer (first person singular
indicative dispongo; first person
singular preterite dispuse) to
arrange (II); —se to prepare oneself,
to set oneself on a course (II)
dispuesto, -a prepared, ready (III)
distinguir to distinguish (I)
divertido, -a distracted (III)
divertir (e > ie) to distract (I, II); —se to
amuse oneself, to take one's mind off
one's troubles (III)
dividido, -a separated (II)
divino, -a divine (I, III)
dolor *m.* pain (I, II), sorrow (I)
donaire *m.* wit (II)
doncella *f.* maiden, unmarried woman
(III)

donde where (I, II, III)

dorado, -a golden (II, III)

dormido, -a asleep (I, II)

dormir (o > ue) (*pres. part.* **durmiendo**) to sleep (I, II); —**se** to fall asleep (II)

dos the number two (I, II, III)

dosel *m.* dais (I)

duda *f.* doubt (II); **sin** — doubtless, without doubt (I, III)

dudar to doubt (I, II, III)

dudoso, -a doubtful (III), full of doubts (III)

dueño *m.* master (I, II), owner (I), mistress (I, II)

dulce *adj.* sweet (I, II)

durar to endure (I, III)

E

echar to put (II), to dispose of (III); — **de ver** to see, to notice (I); — **por** to go down (III)

eclipsado, -a eclipsed (III)

eclipsar to eclipse (I, II)

eclipse *m.* eclipse (III)

eco *m.* echo, sound (II)

efeto = efecto *m.* end result (I), cause (III); **en efeto=en efecto** in fact, in effect, indeed (I, III), in truth (III)

ejecutar to perform, to thrust (III)

elección *f.* choice (II)

elegante *adj.* elegant (II, III)

elemento *m.* element (There were four elements in the Golden Age: earth, fire, air and water.) (I)

elevar to arouse (III)

ello it (I)

emblema *m.* emblem (II)

embozado, -a muffled up (III)

embozo *m.* covering of one's face up to the eyes (III)

empleo *m.* service (I)

empuñar to grasp one's sword (I)

enamorado *m.* lover, man in love (I)

enamorado, -a in love (I, III)

encender to light (II)

encendido, -a illuminated, ignited (II)

encontrar (o > ue) to find, to encounter (II)

encubierto hidden, concealed (II)

encubrir to hide (I), to cover (II), to conceal (III), to disguise (II); —**se** to cover oneself (III)

encuentro *m.* encounter (I)

Eneas Aeneas, who rescued his elderly father Anchises from the fires set by the Greeks in Troy. (I)

enemigo *m.* enemy (II, III)

enfermar to sicken (II)

enfermedad *f.* illness, malady (III)

enfermo *m.* patient, sick person (III)

engañador *m.* deceiver (I)

engañar to deceive (I, II); —**se** to delude oneself (II)

engaño *m.* deception (I, II, III), folly, self-deception (II, III)

engendrar to perform (I), to produce (II)

enmienda *f.* rectification, change (II), correction (III)

enmudecer to become mute (III)

enojado, -a angry, angered (III)

enojar to anger (II); —**se** to become angry (I)

enojo *m.* distress (I), emotion (II), fretfulness (II, III), tribulation (II, III), trouble (I, III), worry (III)

ensayo *m.* trial (I), rehearsal (III)

enseñar to show (I)

entender (e > ie) to understand (II, III), to know (I); **a mi** — it is my understanding (I); **dar a** — to let someone understand (II); **no** —**se en** to not apply to (II)

enternecido, -a moved to compassion (III)

entero, -a complete, whole (I); **por** — completely (I)

entierro *m.* burial (I)

entonces then (I, II, III)

entrambos, -as both (II)

entrar to enter (I, II, III)

entre *prep.* between, among (I, II, III)

entretenerse to entertain oneself (II)

entretenido, -a busy (II)

envés *m.* backside (I)

envidia *f.* envy (II)

envidiar to envy (III)

envuelto, -a covered, wrapped up (II)

epigrama *m./f.* epigram (This word's gender was both masculine and feminine in the Golden Age.) (II)

Erebo The Erebus, a river of the underworld, symbolized darkness. It lulls the senses to sleep in our play. (I)

errar to misunderstand, to go astray, to make a mistake (see **yerre**) (II)

error *m.* error, mistake (II, III)

escandalizar (first person singular subjunctive **escandalice**) to be shocked (III)

escándalo *m.* scandal (I)

escaparse to escape (I, III)

escarmentado, -a person who has learned from experience (III)

escaso, -a frugal (I)

esclava *f.* female slave (I, II, III); — herrada branded slave (I)

esclavo *m.* male slave (I)

esconder to hide (I, III); —se to hide oneself (I, II)

escondido, -a hidden (II, III)

escribir to write (III)

escrupuloso, -a scrupulous (II)

escuadrón *m.* squadron (I)

escuchar to hear, to listen (I, II, III)

escudero *m.* squire (I, II)

escudo *m.* coin (I, II); — de armas coat of arms (III)

escuelas de honor *f.pl.* school of honor (II)

escuras = oscuras; a escuras in the dark (II)

esfera *f.* sphere (I, III)

esgrimir to brandish (I, III)

esmaltar to embellish (II)

esmalte *m.* embellishment, decoration (III)

espacio *m.* time (I); de — in good time (I)

espada *f.* sword (I, II, III)

espalda *f.* shoulder (III); volver la — to turn one's back on someone (I, III); —s back (I, II, III); a mis —s behind my back (III)

espantar to surprise (I), to astonish, to shock (III); —se to be surprised (II), to be afraid, to be shocked (III)

espanto *m.* dread (III), shock (II)

España Spain (I)

español, -a Spanish (I, III)

esparcir to disperse (III)

espectáculo *m.* spectacle (III)

espeluzarse (first person singular subjunctive **espeluce**) to make one's hair stand on end (II)

esperanza *f.* hope (I, II)

esperar to hope (I, II, III), to wait (I, III), to await (II, III)

espirar = expirar see entry

espíritu *m.* soul, spirit (II)

esplendor *m.* splendor (I, II, III)

esportilla *f.* basket; —s batanadas baskets beaten in a fulling mill (I)

esposa *f.* wife, spouse (I, II, III)

esposo *m.* husband, spouse (I, II, III)

espuela *f.* spur (I, III)

espuma *f.* foam (of the sea) (I)

estado *m.* state (III)

estar (first person singular indicative **estoy**; first person singular preterite **estuve**; first person singular subjunctive **esté**) to be (I, II, III); no — en sí not to be oneself, to be beside oneself (II) estatua *f.* statue (III)

estilo *m.* manner, style (I)

estimar to appreciate (I), to value (I, II)

estrella *f.* star (I, III), star (i.e., fate) (I, II, III)

estremecerse (first person singular indicative **estremezco**) to shudder, to tremble (II)

estribo *m.* stirrup (I, II); **perder los —s** to lose control over one's horse; *fig.*, to be carried away with one's passions (I)

estudiante: a lo — like a student (II)

eternidades *fpl.* eternities (II)

eterno, -a eternal (I)

evidencia *f.* evidence (II)

evitar to avert (III)

examen *m.* examination (II); **carta del** — graduation diploma; letter of examination (the certificate required for any important position or honor in Golden Age Spain, proving one was free of Moorish or Jewish blood) (II)

examinar to examine (I), to investigate (II); —se to test oneself (II)

exceso *m.* excess, outburst (II)

excusado, -a useless, pointless (III); **no —os** indispensable, that one cannot live without (III)

excusar to avoid (III); —se to avoid (III), to hesitate (II)

experiencia *f.* experience (II), trial, test (I), proof (II)

expirar to expire (I), to die (III)

extrañar to find strange (II)

extraño, -a unusual, strange (I, III)

extremo *m.* extreme (I, II, III), unusual behavior (II, III); —s *m.pl.* exaggerated cares (II), emotions (II, III)

F

fácil *adj.* easy (III)

facilitar to expedite (II)

fácilmente *adv.* easily (III), readily (II)

fallecer to be missing, to fail; **el labio fallece** words fail me (I)

falsear to falsify, to distort; word play on the following concepts: — [la llave] to pick a lock, and — las guardas to use deception or bribery (II)

falso, -a dishonest (I), false (II)

falta *f.* mistake, error, shortcoming, defect, fault (III)

faltar to need (II), to lack, to be lacking, to be missing, to be wanting (II, III), to fail (I, II, III)

fama *f.* fame (I), good name, reputation (III)

famoso, -a famous, renowned (I)

fantasía *f.* imagination, fancy (I)

farol *m.* beacon (I)

fatigar to weary (I), to harry (II)

favor *m.* favor (I), sign of affection, compliment (I, II), help (II)

fe *f.* faith (I), loyalty, trust (I, II), constancy, faithfulness (III)

felice = feliz *adj.* happy (I)

fénix *m.* phoenix (I)

festejar to court, to woo (I)

fiar to trust (I, III), to entrust (I, II, III)

fiel *adj.* faithful, honest, true (I)

fiera *f.* wild beast (II)

fiero, -a brutal (I), fierce, savage (I, III)

fiesta *f.* festivity, party (II)

fin *m.* end (II, III); **al** — finally, in short (I), in the end (III); **en** — at last, finally, in short (I, II, III)

fineza *f.* flattery, gallantry (II)

fingido *m.* dissembler (I)

fingido, -a deceiving (I), feigned (II)

fingimiento *m.* fiction of the mind (II)

fingir to conjure up (II), to invent (III)

firme *adj.* firm, steadfast, unswerving (II,

III)

Flandes Flanders, modern Belgium, was part of the Spanish empire until 1648. (II)

flor *f.* flower (I)

Floro The name of the imaginary character (the eunuch) of Coquín's epigram. (II)

forma *f.* shape (III)

formar to make, to form (I)

forzoso, -a necesary, obligatory (II, III)

frialdad *f.* coldness, coldheartedness (II)

frío, -a cold (I, II)

frívolo, -a frivolous (II)

fruta *f.* fruit (II)

fuego *m.* fire (I, II, III); *fig.,* passion (I), jealousy (II)

fuente *f.* fountain (II)

fuera de outside (of) (I, II), aside from (I)

fuérades = modern **fuerais** (II)

fuerte *adj.* strong, mighty (I, II, III), formidable (II), sure (III)

fuerza *f.* force, strength (I, II, III); a — de compelled by (II); **por** — by force (III); **es** — it is necessary (I, III)

funesto, -a mournful, deadly (III)

furioso, -a in a state of frenzy, raving (III)

G

galán *m.* young man, gallant, lover (II), suitor (III)

ganancia *f.* acquisition, gain, prize (III)

ganar to gain, to win (I, II)

garito *m.* gambling den (II)

garza *f.* heron (II)

gastar to waste (I)

gato *m.* cat (II)

género *m.* kind, type (II)

generoso, -a generous, noble (I, II)

gente *f.* people (I, II, III)

gentilhombre *m.* gentleman (I)

geroglífico *m.* hieroglyph (II)

giro *m.* gash (of the sword) (I)

globo *m.* globe (III)

gloria *f.* glory (I, II), heaven, paradise (I)

golpe *m.* blow (I, II); *fig.,* fall (from Enrique's horse) (I)

gozar to enjoy, to possess (I, II)

gracia *f.* favor, grace (III)

gracioso *m.* comic figure, joker (I, II)

grado *m.* degree (I)

gran *adj.* see **grande**

grande *adj.* great, large (I, II, III), grave, serious (I, II), daring, extreme (II)

grandeza *f.* grandeur, greatness (I)

grave *adj.* serious, grave, important (II, III), critical, grim (III)

gruñir to grunt (II)

guante *m.* glove; *fig.,* hand (II)

guarda *f.* ward of a lock; guard (II)

guardar to guard, to preserve, to keep (I, III), to watch over, to keep safe (I, III); — **la boca** to be silent about what might be harmful to one; *fig.,* to watch one's diet, following one's doctor's orders (II)

güesa *f.* = **huesa** *f.* grave (II)

guiar to guide, to lead (I)

gusano *m.* worm (I)

gustar to like, to be pleasing (I, II)

gusto *m.* enjoyment, pleasure (I, II); **buen** — good humor (II)

H

habemos = modern **hemos** (II)

haber (first person singular present indicative **he**) to have; — **de** + *inf.* to be expected to (I, II, III); **poco ha** not long ago (III)

habitar to live in, to dwell (III)

hablar to speak, to talk (I, II, III)

hablárades = modern imperfect subjunctive **hablarais** (II) hacer (first person singular indicative hago; first person singular preterite hice; *p.p.* dicho; first person singular future haré) to do, to make, to play the part of; — + *inf.* to make someone do something (III); hace noche night falls (I); — la deshecha to dissemble (II); — la sangría to carry out the bleeding (III)

hallar to find (I, II, III); —se to be, to find oneself (I, II, III); — una cosa como en la calle to find something unexpectedly (I)

harto, -a enough, plenty (III)

hasta until, up to, even (I, II, III); — que until (I, II, III)

hay a form of haber, there is, there are (present subjunctive haya) (I, II, III); — que + *inf.* it is necessary (II, III)

hecho *m.* deed (II)

helado, -a icy, ice cold (I, III)

helar (e > ie) to chill, to freeze (II)

hemisferio *m.* hemisphere (I)

heredado, -a inherited (III)

heredero *m.* heir (II)

herida *f.* wound (III)

herido, -a trembling (I)

herir (e > ie) to wound, to injure (II)

hermano *m.* brother (I, II, III)

hermosísimo, -a very beautiful (I)

hermoso, -a beautiful (I, II, III)

hermosura *f.* beauty (I, II, III)

herrado, -a branded; esclava —a branded slave (I)

hiciéredes = antiquated form of future subjunctive hiciereis (II)

hielo *m.* ice (I, II, III)

hierros *m.pl.* shackles; *fig.*, prison bars (III)

hijo *m.* son (I)

hipocondría *f.* hypochondria (a melancholy illness in Calderón's time) (III)

hoja *f.* leaf (II)

hola hello (II)

holgarse (o > ue) to be happy, to be glad, to take pleasure (I, II)

hombre *m.* man (I, II, III)

hombro *m.* shoulder (II)

honesto, -a honest, pure, chaste (III)

honor *m.* honor, reputation, fame (I, II, III)

honra *m.* honor (I, II, III)

honrado, -a honorable (II, III)

honrar to honor, to bestow honor, to respect (I, II)

hora *f.* hour, time (II, III)

horrible *adj.* horrid (III)

horror *m.* calamity (I), dread, horror (I, II, III)

hubiereis = future subjunctive of haber (I, III)

huerta *f.* garden (II)

huésped *m.* guest (II)

huir (first person present indicative huyo) to flee (II, III), to escape (II)

humano, -a human (II, III)

humildad *f.* modesty (I), lowly estate (I), humility (III)

humilde *adj.* humble, modest (I, II, III)

humillarse to humble oneself, to bow (I)

humor *m.* humor, disposition (I, III)

hurón *m.* ferret, busybody (I)

hurtar to rob, to steal (II)

I

idea *f.* idea, notion (II)

ignorar to be ignorant of (II), not to know (I, II, III), to doubt (III)

igual *adj.* equal (II, III)

ijar *m.* flank (of an animal) (I)

ilícito, -a unlawful (I)

iluminado, -a illuminated; written or colored (in blood) (II)

iluminar to illuminate, to light (I)

ilusión *f.* illusion (II, III)

ilustrar to illumine, to light (I)
ilustre *adj.* distinguished, illustrious (I, II)
imagen *f.* image (III)
imaginación *f.* imagination, mind, fantasy (II, III)
imaginado, -a imagined (II)
imaginar to imagine (II, III), to think (III), to suspect (III)
imán *m.* magnet (I)
imitar to imitate (I)
impensadamente unexpectedly (III)
imperio *m.* right, authority (I)
importancia *f.* importance (III), significance, seriousness (III)
importante *adj.* important, significant (I, II)
importar to be important (I, III), to depend on (I), to matter (III)
imposible *adj.* impossible (I, III), unattainable (III)
impreso, -a implanted, stamped, printed; **una mano sangrienta —a en la puerta** a bloody handprint on the door (III)
imprimir to imprint (I, II, III)
incendio *m.* fire, conflagration (I)
incitar to ignite (I); **—se** to excite oneself (III)
inclemente *adj.* merciless (III)
indiciar to bring attention to (II)
indigno, -a unworthy (I)
indio, -a Indian (relating to the Indies and Spain's future empire) (III)
industria *f.* plan (II, III)
infamarse to dishonor oneself, to cause dishonor (II)
infame *adj.* infamous, despicable (II)
infante *m.* prince (I, II, III)
infelice *m.* unhappy man, unfortunate man (II)
infelice = infeliz *adj.* unhappy, unlucky, unfortunate (I, II, III)
infinito, -a countless, immeasurable (II)

inflamar to kindle (II)
informado, -a advised, informed; **mal — por** misled by (III)
informar to advise, to inform (I); **—se** to inform onself (II)
infundir to fill, to instill (II)
ingenio *m.* sensibility (I), ingenuity (II)
ingrato, -a ungrateful (I)
inhumano, -a inhuman (II)
injusto, -a unjust (I, II)
inmortal *adj.* immortal (III)
inocencia *f.* innocence (II, III)
inocente *adj.* guiltless, innocent (I, II, III)
inorme = enorme *adj.* enormous (I)
inquietud *f.* anxiety, care, uneasiness (I, II)
instante *m.* instant, moment, second (I, III); **por —s** continuously (II)
instinto *m.* instinct (II)
instrumento *m.* instrument (II)
insufrible *adj.* unbearable (III)
intentar to attempt, to try, to intend (I, II, III)
intento *m.* attempt, design, purpose, intention(s) (I, II, III)
interés *m.* interest (I), interest (debt) (I, II)
intimar to intimate, to notify (III)
introducir (first person singular preterite **introduje**) to introduce (I)
invencible *adj.* invincible (III)
indivisible indivisible (III)
ir (first person singular indicative **voy**) to go (I, II, III); **—se** to go away, to depart (I); *Vase/Vanse* S.D. Exit(s) stage (I, II, III)

J

jamás *adv.* never, ever (I, II)
jardín *m.* garden (II, III)
jaspe *m.* jasper (III)

Jesús Jesus; i—, **mil veces!** May Jesus protect me! (I)

jineta *f.* short lance carried by a captain of the infantry (I)

jinete *m.* horseman (I)

jornada *f.* act of a Golden Age play (I, II, III), journey, occasion (II)

juego *m.* game, gambling (II)

juez *m.* judge (I, III)

jugar to play; — **de gracioso** to play the court jester (I)

junta *f.* team of consultants; — **de médicos** consultation of doctors about the seriously ill (III)

junto, -a together, combined (II)

Júpiter Jupiter, Roman king of the gods. (I)

jurar to swear, to promise, to vow (I, II)

justicia *f.* justice (I, II, III)

Justiciero *m.* The Just One (one of the epithets used for King Pedro; see the Introduction to Students) (I)

justo, -a fitting, proper, just, right (I, III)

juzgar (first person singular present subjunctive **juzgue**) to consider (II), to judge (III)

L

labio *m.* lip (I, III)

labor *f.* design, work (II)

labrar to work, to toil (land) (II)

lacayo *m.* lackey (I)

lado *m.* side (III)

ladrar to bark (II)

ladrón *m.* thief (II, III)

lágrima *f.* tear (I, II)

lance *m.* turn of events, situation, predicament (I, II, III), quarrel (III)

lástima *f.* pity; **de** — out of compassion (III)

lastimoso, -a pitiful (III)

laurel *m.* laurel (I)

lavar to wash (III); —**se** to be washed (III)

lazo *m.* knot, tie, bond (II)

leal *adj.* loyal (III)

lealtad *f.* loyalty (I, II)

lecho *m.* bed (I, III)

lechón *m.* pig (II)

leer to read (I, III)

lejos *adv.* far (III)

lengua *f.* tongue (II, III), word, language (III)

león *m.* lion (II)

lesión *f.* bodily harm, injury (I); **enorme** — legal term, meaning the buyer has been cheated of more than half the just price (I, II)

letra *f.* word (of music) (II), handwriting (III)

levantar to pick up, to lift (II, III), to cause (II); —**se** to get up, to stand up (I, II)

ley *f.* law (I, II, III)

liberal *adj.* liberal, generous (I)

libertad *f.* freedom (I, II), liberty (I)

librar to free (I, III), to set loose on someone (I), to set free (III); —**se** to free oneself, to escape from (III)

libre *adj.* free, unrestrained (I, III)

licencia *f.* permission, consent (I, II); **dar** — to give leave (I, II)

lición = lección *f.* lesson (I)

ligero, -a swift, light (I)

limosna *f.* alms (I)

linaje *m.* family, kind (II)

lince *m.* lynx (known for its sharp-sightedness), *fig.*, sharp-sighted (I)

lisiado, -a harmed (I)

lisión *f.* = **lesión** (see entry) (I, II)

lisonja *f.* flattery (I, II)

lisonjero *m.* flatterer (I)

lisonjero, -a flattering (II)

llama *f.* flame (I, II)

llamar to call (I, III), to knock (II); —**se**

to call oneself (II, III), to be called (I, II)

llano, -a simple, plain, evident, clear (I, III)

llave *f.* key (I, II, III); — **maestra** master key (II); **falsear la** — to pick a lock (II)

llegar (first person singular preterite **llegué**; first person singular subjunctive **llegue**); to approach, to arrive, to come (I, II, III), to reach (I); — **a** + *inf.* to come to, to happen to (I, II, III)

llevar to take, to carry, to take away (I, II, III)

llorar to cry, to weep (I, II, III)

lobo *m.* wolf (II)

loco *m.* mad man (III)

loco, -a crazy, mad (III), absurd (II)

lograr to achieve, to attain (I)

lucha *f.* struggle (II)

luchar to struggle (I, II)

lucimiento *m.* brilliance (I)

lucir to shine (I)

Lucrecia Roman woman famous for her chastity. (III)

luego then, soon, immediately (I, II, III)

lugar *m.* place (II, III), time, opportunity (II, III); **dar** — **a** to give an opportunity for, to provide (I, III)

lumbre *f.* light (II)

luna *f.* moon (I, III)

lunario *m.* calendar (I)

lustre *adj.* splendor (III)

luz (plural **luces**) light(s), candle(s) (I, II, III)

M

Maestre *m.* Commander, Grand Master. Refers to Pedro's brother, Don Fadrique, Grand Master of the Order of Santiago. (III)

maestro, -a master; **llave —a** *f.* master

key (II)

majestad *f.* majesty, eminence, royalty (I); **tu (vuestra)** — Your Majesty (the King) (I, II, III)

mal *m.* affliction (II), illness, malady, sickness (II, III); evil (III); **por mi** — to my misfortune (III)

mal *adv.* poorly, badly (I, II, III); ¡—haya! Curses on (I)

male *Latin,* **de pecunis** — poorly, in terms of money (II)

malicia *f.* seriousness, malignance (of illness) (II, III)

malo, -a bad, unfortunate, ill (I, III)

manchar to stain (II, III); —**se** to become stained (III)

mancilla *f.* injury (I)

mandar to order, to command (II, III)

manera *f.* manner, way (I, II, III); **de** — **que** so that, in such a way that (I)

mano *f.* hand (I, II, III); **dar la** — to give one's hand in marriage (I, III), to give one's hand to be kissed (allowing a gesture of respect from inferiors) (I, II); **una** — **sangrienta impresa en la puerta** a bloody handprint on the door (III)

manto *m.* cloak (I, II)

mañana *f.* morning (III)

mar *m./f.* sea (Calderón only uses the masculine article with this word.) (I, III)

maravilla *f.* wonder; **no es** — it's not surprising (I)

marido *m.* husband (II, III)

mariposa *f.* butterfly (I)

mas but (I, II, III)

más more (I, II, III)

matar to kill (II, III); — **la luz** to put out, to extinguish (the flame of a candle) (II, III)

matiz (plural **matices**) color, likeness (I)

mayar to meow (II)

mayor *adj.* greater, greatest, larger (I, II, III)

mayordomo *m.* majordomo, steward (I)

mediar los fines to get to the point (II)

medicina *f.* medicine (II)

médico *m.* doctor, physician, surgeon (II, III)

medido, -a moderate, measured (III)

medio *m.* means, way (II, III)

medio, -a half (I)

medir to measure, to weigh (II, III)

mejor *adj.* better (I, II, III)

mejorar to make better (II)

memorial *m.* petition (I)

menester *m.* need; **haber —** to need (I, III); **ser —** to be necessary (III)

menor *adj.* smaller, lesser (III)

menos less (I); **a lo —, por lo —** at least (I)

mentir (e › ie) to lie (I, II)

merecer (first person singular indicative **merezco**) to merit, to deserve (I, III)

meridiano, -a midday (I)

mes *m.* month (I)

mesmo, -a = mismo, -a (see entry) (I, II)

mesurarse to control oneself (I)

metal *m.* metal (I), sound of one's voice (II)

meterse to set out to, to try to, to resolve to be (III)

miedo *m.* fear (I, II, III); **tener —** to be afraid (I)

mientras while (I, II, III)

mil one thousand (I, II, III)

milagro *m.* miracle (I)

mío, -a my, mine (I, II, III)

mirar to look at, to consider, to see (I, II, III), to watch (III); **—se** to see oneself (III)

misa *f.* mass (III)

mismo, -a same, self, own (I, II, III)

mitad *f.* half (I)

modo *m.* manner, way (I)

momento *m.* minute, moment (II); **al —** at once, immediately (I)

montaña *f.* mountain (I, III)

monte *m.* mountain (I)

Montiel Locale where King Pedro was killed by his brother Enrique in 1369. (III)

morir (o › ue) to die (I, II, III)

moro *m.* Moor (I)

mortal *adj.* deadly, mortal (III)

mostrar (o › ue) to show (II, III)

mover (o › ue) to move, to cause (I, II)

mucho, -a much, a lot, a great deal (I, II, III)

mucho *adv.* very, a great deal (I, II, III)

mudanza *f.* change, fickleness (I)

mudar to change (I); **—se** to change one's mind (I), *S.D.* to change one's clothes (II)

mudo, -a silent, mute (II)

muerte *f.* death (I, II, III); **dar la —** to cause someone's death (II, III)

muerto, -a dead; **— andante** *fig.,* a dead squire (pun on **caballero andante,** knight errant (II)

mugir to moo (II)

mujer *f.* woman (I, II, III)

mundo *m.* world (I, II, III)

muralla *f.* wall (III)

murmurar to slander, to speak ill of (II)

música *f.* music (II, III), musicians (I, III)

muy *adv.* very (I, II, III)

N

nacer (first person singular indicative **nazco**) to be born (I, II, III); **hombre bien nacido** a well-born man (III)

nada nothing, not anything (I, II, III)

nadie no one, nobody, anyone (II, III)

natural *m.* nature (II)

naturaleza *f.* nature (II)

necedad *f.* nonsense, foolishness (III)

necio *m.* fool (I, II)

necio, -a foolish, silly (I, II, III)

negar (e › ie) to deny (II)

negro, -a black (II); *Se muda de negro S.D.* He (King Pedro) changes to a black cape. (II)

ni neither, nor, not even (I, II, III)

nieve *f.* snow (I)

ninguno, -a no one, nobody (I, III); **—s** Also used in the plural in the Golden Age. (III)

noble *m.* nobleman (I, III)

noble *adj.* noble, honorable (I, II, III)

noche *f.* night (I, II, III); **esta —** tonight (II, III); **de día y de —** day and night (III); **de —** by night, at night (II, III); **hace —** night falls (I)

nombrar to name, to mention (I)

nombre *m.* name, reputation (I, III)

norabuena = **enhorabuena** *f.* congratulations (I); **Vengáis —** Would that you had come at a good time (III)

notable *adj.* notable, remarkable (III)

notorio, -a unmistakable (III)

novedad *f.* novelty, singularity (I, II, III)

novel *m.* novice (I)

nube *f.* cloud (I, II, III)

nudo *m.* knot (II)

nuevas *f.pl.* news (I)

nuevo, -a new (I, II, III)

nunca *adv.* never, not ever (I)

O

obedecer (first person singular present indicative **obedezco**) to obey (I, II, III)

obediencia *f.* obligation (III)

objeción *f.* argument (in one's defense) (III)

obligación *f.* obligation, responsibility (I, II); **ponerle a uno en —** to place one in another's debt (II)

obligado, -a obliged, indebted, compelled (I, II, III)

obligar to oblige, to compel, to cause (I, II, III); **—se** to be compelled (II)

obrar to act (II)

obscuro, -a = **oscuro, -a** (see entry) (I)

ocasión *f.* occasion, circumstance, opportunity, cause, reason, time (I, II, III)

ocultar to hide, to conceal (III)

oculto, -a hidden (III)

ofender to offend (II)

ofendido, -a offended (I, III)

ofensa *f.* offense (I, II)

oficial *m.* workman, tradesman (III)

oficio *m.* occupation, profession, office, trade (I, II, III)

ofrecer (first person singular present indicative **ofrezco**) to offer, to present (III); **—se** to present oneself (III)

oído *m.* ear, sense of hearing; **guardar el segundo —** to reserve a second hearing (I)

oír (first person singular present indicative **oigo**; third person singular and plural present indicative **oye, oyen**) to hear, to listen to (I, II, III); **oyen las paredes** the walls have ears (a refrain from the Golden Age) (I)

¡ojalá que! Would that, God grant (I)

ojo *m.* eye (I, II, III)

olores *m.pl.* perfumes (I)

olvidar(se) to forget (I, II, III)

olvido *m.* forgetfulness, oblivion (I)

onda *f.* wave (III)

opinión *f.* reputation (I, II, III)

oprimir to press, to weigh down (III)

orbe *m.* orb (III)

orden *m.* order, command (III); **en — a** in accord with, with regard to (II)

ordenar to order (as a surgeon) (III)

oreja *f.* ear; **con iguales** —s with equal attention (III)

oro *m.* gold (I, II)

os you (direct object, indirect object, and reflexive pronoun for **vos** and **vosotros**) (I, II, III)

osadía *f.* daring (I)

osar to dare (III)

oscuro, -a dark (I)

otro, -a other, another (I, II, III)

oyere = future subjunctive of **oír** (I)

P

pabellón *m.* canopy over bed (II)

paciencia *f.* patience (II)

padecer (first person singular indicative **padezco**) to suffer (II)

padre *m.* father (I)

pagar to pay (II), to reward (III)

país *m.* drawing (landscape) (II)

pájaro *m.* bird (I, III)

pajizo, -a straw-colored (I)

palabra *f.* word; **dar** — to give one's word (I, III)

palacio *m.* palace (I, II, III)

palma *f.* (shape of a) palm (I); **el bruto de la** — = the horse Gutierre gives Don Enrique (I)

paño *m.* curtain (on stage) (II)

papel *m.* (piece of) paper (III), role (II)

para *prep.* for, in order to, toward (I, II, III); — **que** in order that (I, II, III); — **qué** why (I, III)

parabienes *m.pl.* congratulations (I)

parabólico, -a given to telling parables (I)

parar to stop, to finish; — **en bien** to bring to a good end (III)

parasismo = paroxismo *m.* convulsion (II), paroxysm (death) (III)

parca *f.* death (I)

parche *m.* plaster (the mustache guard in Coquín's epigram) (II)

pardiez = **por Dios** (I)

pardo, -a dark grey (II)

parecer *m.* advice (I); **por bien** — for the sake of appearances (II)

parecer (first person singular indicative **parezco**) to seem, to appear (I, II, III)

pared *f.* wall (I, III); **oyen las** —es the walls have ears (refrain) (I)

parte *f.* place, side, cause (I, II, III); **a una** — aside (II); **dar** — to confide in (II), to inform (III); **de** — **de** on behalf of (I); **de** — **mía** on my behalf (III); **oír a la otra** — to hear the other side (I); **oír ambas** —s to hear both sides (III)

partido *m.* agreement; **vengo en el** — I agree to the contract (I)

partido, -a disjointed, split up (I)

partirse to leave (III)

pasar to happen, to spend, to pass (I, II, III); — **adelante** to go on (I, II, III), to fulfill (I), to continue (II)

pasión *f.* passion (I)

pasito *adv.* softly, quietly (II)

paso *m.* step, footstep, track (I, II, III)

pasta *f.* substance (I)

pasto *m.* meal (I)

patria *f.* homeland (III)

pavesa *f.* embers (II)

pecho *m.* chest, heart, breast (I, II, III)

pecunis *Latin*, **de** — male poorly, in terms of money (II)

pedazo *m.* bit, piece; **hacer** —s to break apart (II); **sacar el corazón a** —s to tear (her) heart to pieces (II)

pedir (e › i) to ask for, to request, to demand (I, II, III)

peligro *m.* danger, peril (II)

peligroso, -a dangerous (III)

pena *f.* pain, sorrow, affliction, injury (I, II, III)

penacho *m.* crest (of plumes) (I)

pensamiento *m.* thought, rational thought(s) (In the Golden Age, el pensamiento was one of the faculties of the mind, relating to one's ability to reason or to think.) (I)

pensar (e › ie) to think (I, II, III), to consider (III), to imagine (II)

pensare = future subjunctive of pensar (II)

peor worse (II, III)

pequeño, -a small (I)

perder (e › ie) to lose (I, II, III), to waste (II); — **los estribos** to lose control over one's horse; *fig.*, to be carried away with one's passions (I)

pérdida *f.* loss (III)

perdido, -a lost (I, II)

perdonar to forgive, to pardon (I, II, III)

perfección *f.* perfection (III)

perfeto, -a = perfecto, -a perfect (I, II)

permitir to permit, to allow (II, III)

pero *m.* a Don Pedro (pero, a common variation on the name Pedro, used in a pun by Coquín) (II)

pero but, yet (I, II, III)

perro *m.* dog (II)

perseguido, -a pursued (III)

persona *f.* person (I, III); personage, character (I)

pesadumbre *f.* unhappiness, sorrow (II, III)

pésame *m.* condolence (I)

pesar *m.* concern, regret, grief, worry (I, II, III)

pescador *m.* fisherman (I)

peso *m.* weight (I)

pespunte *m.* knot (I)

pía *f.* small spotted mare used by kings and nobility (I)

piadoso, -a compassionate (III)

pie *m.* foot (I, II, III); **besar los —s** to kiss someone's feet (as a gesture of respect or humility) (I); **correo de a** — mail service on foot (I); **dar las plantas (los pies)** to give one's feet for someone to kiss (allowing a gesture of respect from inferiors) (I, II); **escaparse por —s** to escape on foot (I); **estar en** — to stand (I)

piedad *f.* mercy, compassion (I, III)

piedra *f.* stone (II)

pierna *f.* leg (I)

pintura *f.* painting (I)

pira *f.* pyre (I)

pisar to tread (I,II)

placer *m.* pleasure (I); **casa de** — country house (I)

placer (first person singular present indicative plazco) to please (I); **¡plegue a Dios!** May it please God! (II)

planeta *m.* planet (I)

planta *f.* foot (I, II, III); **besar las —s** to kiss someone's feet (as a gesture of respect or humility) (I); **dar las —s** to give one's feet for someone to kiss (allowing a gesture of respect from inferiors) (I, II)

plegue see placer

pleito *m.* lawsuit (I)

pluma *f.* feather, plume (I, II)

pobre *adj.* poor, humble (I, III)

poco, -a little, small, not much, few (I, II, III); **poco ha** not long ago (III)

poder *m.* might (I, III)

poder (o › ue; first person singular preterite pude) to be able to, can (I, II, III)

poderoso, -a powerful (I)

polo *m.* pole (III)

pompa *f.* splendor (I)

poner (first person singular indicative pongo; first person singular preterite puse; *p.p.* puesto) to put, to place (I, II, III); **—se** to become (III)

ponzoña *f.* poison, venom (II)

por *prep.* for, by, through, on behalf of (I,

II, III); — **lo menos** at least (I);
— **mí** on my account, on my
behalf (I, II); — **si (acaso)** (just)
in case (I, III)

Porcia Portia, a Roman woman famous
for her chastity. (III)

porfiar to persevere (I)

porque because, for the reason that, as
(I, II, III); = **para que** (+ *subj.*) so that,
in order that (I, II, III); **por qué** why
(I, II, III)

portador *m.* bearer (I)

posada *f.* lodging (I)

posible *adj.* possible, feasible (I, II, III)

posta *f.* sentry (duty); **tomar** —**s** to take
up sentry duty (I)

postrado, -a weakened, laid low (I, III)

postrero, -a final (II, III)

preceto = **precepto** *m.* command (III)

preciarse de to take pride in (III)

pregonar to proclaim (I)

pregunta *f.* question (I)

preguntar to ask (I)

premio *m.* reward (I)

preso *m.* prisoner (II)

preso, -a (irregular *p.p.* of **prender**)
arrested, imprisoned (II)

presto *adv.* soon, quickly (I, II)

presumir to assume, to presume, to
suppose, to take for granted (I, II, III)

presunción *f.* presumption, assumption
(I, II, III)

pretender to try (I, II, III), to intend
(III)

prevención *f.* prevention (II, III);
prevenciones *fpl.* preventive
measures (III)

prevenido, -a prudent (I), prepared,
ready (I)

prevenir (e › ie; first person singular
indicative **prevengo**) to prepare (I),
to receive (I), to anticipate, to
foresee, to prevent (I, II, III); —**se** to
be prepared, to be ready (II)

primavera *f.* spring (I)

primer, primero, -a first (I, II, III)

principal *adj.* noble, prominent (I)

principio *m.* beginning, start (I, II, III)

prisión *f.* prison (II); **prisiones** *fpl.*
chains (II)

privanza *f.* favorite (II, III)

probar (o › ue) to try, to test (I, II), to
prove (III)

procurar to try to, to intend (II, III), to
get, to acquire, to procure (I, II)

prodigio *m.* extraordinary creature (I),
prodigy (II), monstrous event (III)

pródigo, -a roving, prodigal (I)

profesar to claim (I)

profeso *m.* professed monk (I)

prolijo, -a prolonged, tedious (II)

prometer to promise, to assure (II)

pronunciar to utter (II)

propio, -a own, one's own (II, III), same
(III); **por** —**a la hermosura** for
beauty in itself (II)

proporcionado, -a proportioned (I)

proseguir (first person singular
indicative **prosigo**) to continue (I)

provecho *m.* benefit, use, profit (III);
esperando los —**s** *fig.*, with the hope
of producing crops (part of Coquín's
epigram about the eunuch) (II)

prudencia *f.* prudence, discretion (II,
III)

prudente *adj.* prudent, wise (II)

prueba *f.* test (I, III), proof (I)

publicar to make public, to make
known (I, III); —**se** to be printed (I)

publicidad *f.* common knowledge (I)

público, -a public (I, III)

pudiere = future subjunctive of **poder**
(II)

puerta *f.* door (I, II, III), stage door (II,
III)

pues since, well, then, therefore (I, II,
III)

puesto *m.* place (III)

puesto que *conj.* since (I, II)
pulir to embellish (II)
pulso *m.* pulse (I)
puntas *fpl.* sharp points (of lightning bolts) (III)
punto *m.* instant, moment; **al** — at once, immediately (I)
puñal *m.* dagger (III)
puro, -a pure (I, II)
pureza *f.* purity (II)

Q

que that, who, whom, which, for (I, II, III); **qué** what, which, how (I, II, III)
quedar to become, to be (I, II, III), to remain, to stay (I, III); —**se** to remain (I, II, III), to become (III); — **bien** to be well done (II)
quedo *adv.* in a low voice; **hablando** — speaking quietly (II, III)
queja *f.* complaint (I, II, III), lament (III)
quejarse to complain (I, II, III)
querella *f.* complaint (I)
querer (e › ie; first person singular preterite **quise**) to want, to desire, to be willing, to love (I, II, III)
quien who, whoever, which, whichever, the person who (I, II, III); **quién** who, whom (I, II, III)
quieto, -a calm, at peace (II)
quimera *f.* monstrous fantasy (III)
quinta *f.* country house (I, III)
quisiere = future subjunctive of **querer** (I)
quisiéredes = antiquated form of future subjunctive **quisiereis** (I)
quitar to remove, to take away (I, II, III); **quitarse** to remove, to take off (I)
quizá perhaps (I, II, III)

R

rabia *f.* rage (II)
raíz (plural **raíces**) *f.* root (III)
ramo *m.* branch (II)
raro, -a unusual, strange (III)
rayo *m.* lightning bolt (I, III), ray of light (I, II, III)
razón *f.* thought, reason, reasoning, rational faculty, word (I, II, III); **ser** — to be right, to be fitting, with justification (I, II); **con** — rightly, with reason (I, II, III)
real *adj.* royal (II, III)
rebozado, -a muffled up (II)
rebuznar to bray (II)
recado *m.* message (III)
recatado, -a shy (II)
recatarse de to withdraw from (II), to hide from (III)
recato *m.* precaution (III)
recelar to fear, to suspect (III)
recelo *m.* suspicion, fear (II, III), foreboding (II)
recetar to prescribe (II, III)
recibir to get, to receive, to accept (I, III)
recoger to gather up (II)
recogido, -a resting, retiring (I)
red *f.* net (II)
reducir to reduce (I, II, III)
regalar to entertain (II)
regir to control, to command (III)
rehusar to reject (I)
reino *m.* kingdom, realm (I, II)
reir(se) (e › i) to laugh (I, II, III)
reja *f.* grating, bars
relinchar to neigh (II)
relincho *m.* neighing (I)
relucir to shine (I)
rematar to end, to finish (II)
remedio *m.* remedy, cure, solution (I, III)
remontar to soar (II)
rémora *f.* hindrance (I)

rendido, -a subdued, overcome, yielding (III)

rendir (e › i) to submit, to surrender, to yield, to subdue (III); —**se** to surrender, to submit to (I, III)

reñir (e › i) to quarrel, to fight (II), to reproach (III)

reparar to notice, to take heed (I, II)

repetido, -a many, repeated (I, II, III)

repetir (e › i) to repeat (II, III)

replicar to argue (I)

reportarse to control one's impulses (III)

representar to act out (on stage) (II)

reprimir to suppress, to control (I)

reservado, -a preserved, exempt, apart (I, III)

resistir to resist, to reject (III), to endure, to sustain (I, II)

resolverse (o › ue) to resolve, to embark (II)

respeto *m.* respect (I, II)

respirar to breathe (II)

resplandor *m.* splendor (I)

responder to answer, to respond (I, II, III)

respuesta *f.* answer (II, III)

restituir to restore (I, III)

resuelto (*p.p.* of **resolver**): — **en cenizas** reduced to ashes (I)

retirarse to withdraw, to leave, to retire (I, II, III)

retiro *m.* room (I)

reverenciar to revere (II)

revés *m.* reverse; **al** — the reverse, the opposite, the other way around (I, III)

rey *m.* king, monarch (I, II, III)

rico, a rich, wealthy (III)

riesgo *m.* risk, danger, peril, jeopardy (I, II, III)

rifa *f.* game of chance (II)

rigor *m.* severity (I, II, III), cruelty (II), dilemma, terrible situation (II, III);

en — indeed, in short (I)

riguroso, -a harsh, severe, strict (I, II, III)

risa *f.* laughter, (I, II, III)

risible *adj.* capable of laughter (II)

rodela *f.* buckler (a small round shield carried on the arm) (II)

rogar (o › ue) to beg, to ask (I, II, III)

rojo, -a red (III)

romano, -a Roman (III)

romper to break (I, II), to tear up (III)

rondar to make rounds (as monarch, King Pedro) (II), to hang around the streets, *fig.*, to haunt the streets (as suitor, Don Enrique) (III)

ropa *f.* clothing (I, III)

rosa *f.* rose, *fig.*, the blood from Enrique's fall (I)

rosicler *m.* glow of the dawn; **uno y otro** — east and west (i.e., sunrise and sunset) (I)

rostro *m.* face (I, II, III); **volverle a uno el** — to turn away from (I, II)

rubio, -a red; —**as ondas** red waves (*fig.*, of blood) (III)

ruego *m.* plea (III)

rugir to bellow (II)

ruido *m.* noise, sound (I, III)

ruina *f.* ruin (I)

S

saber (first person singular indicative **sé**; first person singular subjunctive **sepa**; first person singular preterite **supe**) to know, to find out, to learn (I, II, III)

sabio, -a wise (II, III)

sacar (first person singular preterite **saqué**; first person singular subjunctive **saque**) to take, to bring, to take out, to extract (I, II, III), to rip out, to tear out (II)

sagrado *m.* sanctuary, safe place (I, II)

sala *f.* room (I)

salir (first person singular indicative **salgo**; first person singular future **saldré**) to go out, to leave, to depart, to come out, to rise (the sun) (I, II, III); to enter stage, *S.D.* (I, II, III)

saltar to leap over, to vault (II)

salud *f.* health (I, II, III)

saludar to greet (I, II)

salvar (el alma) to save (one's soul) (III)

San (Infante don Enrique) *m.* Saint (Prince Henry) (phrase coined by Coquín) (I)

sanar to cure, to heal, to make well (II, III)

sangrador *m.* bloodletter (I)

sangrar to bleed, to let someone's blood (a remedy for illness in the Golden Age) (III); —**se** to be bled (III)

sangre *f.* blood (I, II, III)

sangría *f.* bloodletting (III)

sangriento, -a bloody, bloodied (I, III)

sano, -a healthy, well, hale, safe, sound (II); — **y bueno** hale and hearty (II)

satisfacción *f.* explanation (I), satisfaction, payment (II)

satisfacer (first person singular present indicative **satisfago**; first person singular preterite **satisfice**; *p.p.* **satisfecho**) to satisfy, to pay in full, to settle (I, II, III)

satisfecho, -a confident, assured (II, III)

secreto *m.* secret, secrecy (I, II, III); **en —, de —** secretly (I, II)

seguir (e › i; first person singular indicative **sigo**) to follow (I, II)

segundo -a second (I, II, III)

seguro, -a safe (II, III), certain, sure (II)

sellar to mark, to stamp (I); — **los labios** to seal one's lips, to be quiet (III)

semblante *m.* countenance (I)

semejante *adj.* such (III)

sentar to seat (I)

sentencia *f.* sentence (III)

sentido *m.* sense, feeling, meaning (I, II); consciousness (I)

sentimiento *m.* feeling, sorrow, grief (II)

sentir (e › ie) to feel (I, II), to hear (I, II), to regret (II); —**se** to feel (I)

seña *f.* sign, indication, description (III)

señal *f.* mark, indication (III)

señor *m.* sir, sire, gentleman, master (I, II, III)

señora *f.* madame, lady (I, II, III), lady of the house (I)

sepulcro *m.* sepulcher, tomb (II)

sepultar to inter, to bury (I)

ser *m.* being (I)

ser (first person singular indicative **soy**; first person singular subjunctive **sea**) to be (I, II, III)

servir (e › i) to serve (I, II, III)

seso *m.* sense, brain(s); **no tener** — to be out of one's mind (II)

severo, -a severe, stern, rigorous, harsh (I, III)

Sevilla Seville, the Andalusian city where the action of the play occurs. It was the capital of Spain during King Pedro's rule in the fourteenth century. (I, II, III)

si if, whether (I, II, III)

sí yes (I, II, III)

sí himself, herself, itself (I, II, II); **volver en** — to regain consciousness (I, III)

siempre always (I, II, III)

sien *f.* temple of the head (III)

siglo *m.* century (I)

significar to signify, to explain (II), to express (III)

signo *m.* sign, mark (I)

silencio *m.* silence (I, II, III); **con —** silently (II)

silla *f.* chair (I)

símbolo *m.* symbol (III)

sin *prep.* without (I, II, III); — **que** (+ *subj.*) *conj.* without (I, II, III)

sino except, but, if not (I, II, III)

sisar to filch (I)

sitio *m.* place (II)

soberano, -a sovereign (I, III)

soberbia *f.* arrogance (I)

soberbio, -a arrogant (I)

sobornado, -a bribed (III)

sobre *prep.* on (I, II, III); **curándose — sano** curing himself while still healthy (II)

sol *m.* sun; *fig.,* the king, the monarchy (I, II, III)

solamente only (I, II, III)

soldado *m.* soldier (I)

soledad *f.* solitude (III)

soler (e › ue) to be accustomed, to do usually (II, III)

solo, -a alone (I, II, III); **a solas** alone, by oneself (II, III)

sólo *adv.* only, solely, merely (I, II, III)

sombra *f.* shadow, darkness (I, II, III)

sonar (o › ue) to sound (I)

soñar to dream (I)

soplo *m.* gust of wind, puff of air (II)

sosegar to remain calm (I), to rest (III); **—se** to calm oneself (I)

sosiego *m.* calm (II)

sospecha *f.* suspicion (II, III)

sospechar to suspect (I, III)

subir to mount (I), to soar (II)

suceder to occur, to happen, to follow, to come about (I, II, III)

suceso *m.* event, happening (I, II, III)

sucinto, -a succinct (II)

suelo *m.* ground (I)

sueño *f.* dream (I, II)

suerte *f.* luck, fortune, fate, way, manner (I, II, III); **de esta —** in this way (I, II, III); **de — que** (+ *subj.*) so that (I)

sufrir to suffer, to endure (II)

sujeto *m.* object, subject (I)

sumo, -a great, large (II)

suplicar to beg, to implore (I)

supremo, -a supreme (III)

supuesto que *conj.* given that, since (III)

suspender to surprise, to amaze, to give pause (I, III)

suspiro *m.* sigh (I, II)

sustentar to sponsor, to support (in a convent) (I)

susto *m.* shock (I)

sutileza *f.* subtlety (II)

suyo, -a his, its (I, III)

T

tablilla *f.* sign (II)

tafetán *m.* silk scarf (III)

tal *adj.* such, such a (I, II, III); **— vez** perhaps (II, III)

también also (I, II, III)

tampoco neither, not either (I, II)

tan *adv.* so, so much, such (I, II, III)

tanto *adv.* so much (I, II, III); **en — que** *conj.* while, until (I, III)

tanto, -a so much, as much, so great, as great (I, II, III); **tantos, -as** so many (I, II, III)

tapado, -a covered (III)

taparse to cover, to veil; **taparse el rostro** to veil one's face (III); **taparle el rostro a alguien** to cover someone's face (III)

tapia *f.* wall (II)

tapiz (plural **tapices**) *f.* tapestry (III)

tarde *f.* afternoon (I, II, III)

tarde *adv.* late (II)

tate *interjection* Look out! Careful! Hold on! Easy does it!; **los —s de Castilla** the "Look Out" family of Castile (part of a pun used by Coquín to refer to Don Pedro) (II)

teatro *m.* theater (III)

temblar (e › ie) to tremble (I, II)

temer to fear (I, II, III)

temerario, -a reckless (II)

temeridad *f.* recklessness (III)

temeroso, -a fearful (I, III)

temor *m.* fear, dread (I, II, III)

templado, -a tempered (steel) (I), tuned (instrument) (II)

tenaza *f.* plier, extraction forcep (for teeth) (II)

tener (first person singular indicative tengo; first person singular preterite tuve; informal command ten) to have, to possess, to hold (I, II, III); — celos to be jealous (II, III); tener de (+ *inf.*) = tener que (+ *inf.*) to have to (I, II, III); — la culpa to be at fault, to be to blame (II); — paciencia to be patient (II); — por to think (II); — salud to be in good health (II); — temor to be afraid (III); no — seso to be out of one's mind (II); —se to stop (II, III)

tenor *m.* manner, tenor; al — de in accord with (I)

teñido, -a stained (III)

teñir (e › i) to stain (III)

término *m.* end; en — de at (by) the end of (I)

terrible *adj.* terrible, horrible, awful (III)

testigo *m.* witness (I, II, III)

tiempo *m.* time, occasion; a un — at the same time, at once (I)

tierra *f.* earth, ground, land, region (I, II, III)

tirana *f.* tyrant (III)

tirano, a- tyrannical (III)

tocar (first person singular preterite toqué, first person singular subjunctive toque) to touch (I, II), to fall to one's lot (I), to play (an instrument) (II)

todo, -a all, everyone, everything (I, II, III); de — en — completely, fully (II)

tomar to take, to accept, to get (I, II, III); — cartas to play cards (II); — postas to take up sentry duty (I)

Tomiris Tomyris, queen of the Massagetae, was famous for her courage in adversity. (III)

tono *m.* tune (II)

topacio *m.* topaz (I)

topar (con) to bump into, to discover, to meet (II)

tormenta *f.* storm (I)

toro *m.* bull (II)

torre *f.* tower (I, II)

traer (first person singular indicative traigo; first person singular preterite traje, in the Golden Age also truje) to bring (I, II, III)

tragedia *f.* tragedy (III)

traidor *m.* traitor (III)

trance *m.* peril (II, III)

tras *prep.* after, behind (I)

tratamiento *m.* treatment (III)

tratar to deal with (in), to treat, to practice, to consider (I, II, III), to look after (one's health) (I)

triste *adj.* sad, sorrowful (I, II, III)

tristeza *f.* sadness (I, II, III)

trocar (o › ue) to transform (I)

troncar to disperse, to scatter, to cut off (I)

tronco *m.* trunk, *fig.*, tree (I)

tropa *f.* band, crowd (II)

tropel *m.* throng, crowd (I)

tropezar to fall (I), to stumble (I, III)

Troya Troy, ancient city besieged by the Greeks. (I)

truje (III), trujeron (I) = traje, trajeron (see traer)

tumba *f.* tomb, sepulcher (I)

turbación *f.* alarm, confusion, state of being distraught (III)

turbado, -a upset, troubled, distraught (I, II, III)

turbar to upset, to disturb (I, II, III); —se to be(come) upset, to be(come) disturbed) (I, II, III); somos de buen

— we are understandably upset (III)
turco, -a Turkish (I)
tuyo, -a yours (I, II)

U

uced you (a form of **vuestra Merced,**
    which later evolved into usted) (III)
último, -a final (III)
umbral *m.* threshold (III)
un, -a a, an (I, II, III)
undoso, -a wavy, undulating; **el — dios**
    the wavy god, *fig.*, Neptune, god of
    the sea (I)
unido, -a united, joined (I, II)
universidad *f.* university; **— de**
    enamorados school of lovers (I)
unos, -as some (II, III)
urna *f.* urn (I)
usarse to be in use, to be customary, to
    be in fashion (III)

V

vagamundo = vagabundo *m.* vagabond,
    vagrant (I)
vagamundo, -a = vagabundo, -a
    roaming; **tan — parche,** *fig.,* that no-
    good plaster (II)
vaivén *m.* inconstancy (I)
vale *m. Latin,* farewell (III)
valerse de (first person singular
    indicative **valgo**) to make use of, to
    take advantage of (I); **¡El cielo te**
    valga! May Heaven help you! (I); **Y**
    más me valiera en Flandes I would
    be better off in Flanders. (II)
valiente *m.* thug, hoodlum (II)
valiente *adj.* courageous, brave (II)
valor *m.* valor, courage (II), worth, value,
    integrity (III)
vanidad *f.* foolishness, nonsense (II)
vano, -a futile (III); **en — in** vain (III)
vasallo *m.* vassal (II)

Vase/Vanse S.D. He (She) leaves/They
    leave the stage. (I, II, III)
vejez *f.* old age (I)
vela *f.* candle (III)
velar to be (stay) awake (I)
vencer (first person singular indicative
    venzo) to conquer, to overcome, to
    outdo (I, II); **—se** to conquer oneself
    (I)
venda *f.* bandage (III)
veneno *m.* poison (III)
venganza *f.* revenge, vengeance (I, II, III)
vengarse to take revenge (II, III)
venida *f.* arrival, coming (II)
venir (first person singular indicative
    vengo, e > ie; first person singular
    preterite **vine**, third person plural
    preterite **vinieron**; informal
    command **ven**) to come, to arrive (I,
    II, III)
venisteis = vinisteis (I)
ventaja *f.* extra remuneration (for
    soldier) (I)
ventana *f.* window (III)
ventura *f.* good fortune, luck (I, II); **por**
    — by chance (II, III)
ver (first person singular indicative **veo**;
    first person singular subjunctive **vea**;
    preterite **vi, vio, vieron**; *p.p.* **visto**) to
    look at, to see, to consider, to
    determine (I, II, III)
veras *f.pl.* truth, serious matters (III); **de**
    — truly, in earnest, truthfully (III);
    hombre de — a man of seriousness
    and truth (III)
verdad *f.* truth, reality (I, II, III)
verde *adj.* green (II)
vergonzante *adj.* shamefaced (II)
vergüenza *f.* shame (I); **de — out of**
    (because of) shame (II)
verter to expel poison (II), to spill blood
    (III)
vestido *m.* garment, clothing (D. Pedro's

colored cape) (III)

vestirse (e › i) to dress oneself, to clad oneself (I)

vez (plural **veces**) *f.* time, instance, occasion (I, II, III); **de una** — at once (I, III); **en** — **de** instead of (III); **otra** — again (I, II, III); **tal** — perhaps (II, III)

vía alternate form of **veía**, often used for rhyming and/or scanning purposes (I)

víbora *f.* viper (II)

vibrarse to flash (lighting bolts) (III)

vida *f.* life, existence (I, II, III)

viejo *m.* old man (I)

viento *m.* wind, air (I, II, III)

vieres, viereis = future subjunctive forms of **ver** (III)

vigilante *adj.* vigilant, watchful (II)

vil *adj.* vile, despicable, disgraceful (II, III)

villano *m.* villain, wretch (II)

viña *f.* vineyard (II)

violencia *f.* violence (III)

violento, -a violent (II)

viril: azules —**es** *fig.*, clear blue [skies] (III)

virtud *f.* virtue (I)

virtuoso, -a virtuous (III)

visitar to visit, to call upon (I, III)

vitoria = **victoria** *f.* victory (II, III)

vivir to live, to enjoy life (I, II, III)

vivo, -a alive, living (I, III)

volar (o › ue) to fly, to soar (I, II, III)

voluntad *f.* will (One of the three faculties of the mind in the Golden Age.) (I)

volver (o › ue; *p.p.* **vuelto**) to return, to go back (I, II, III); — **a** + *inf.* to do something again (I, III); — **en sí** to regain consciousness (I, III); — **la espalda** to turn one's back on someone (I, III); —**le a uno el rostro** to turn away from (I, II); —**se** to

turn back, to go away (II, III)

vos you (*sing.* in most instances, but occasionally *pl.* (= English *thou* or *ye*) in our play; subject and prepositional pronoun) (I, II, III) (See Aspects of the Language in the Introduction to Students)

vosotros, -as you (*pl.*, prepositional pronoun; used only once in our play) (II)

voz (plural **voces**) *f.* voice, word, public opinion, shout (I, II, III); **a voces** in a loud voice, loudly (II, III); **dar voces** to cry aloud (I), to cry out, to scream (II), to shout (III); **detener la** — to not speak (I)

vuelta *f.* turn; **darle mil** —**s** to turn someone around many times (III)

vuestro, -a your, yours (possessive adj. and pronoun; almost always has as its singular antecedent **vos** in our play (I, II, III); —**a Alteza** Your Highness (to refer to Don Enrique) (I, II, III); —**a Majestad** Your Majesty (to refer to Don Pedro) (I, II, III)

vulgo *m.* common people (III)

Y

y and (I, II, III)

ya already, now, presently (I, II, III); — **que** *conj.* since, seeing that (I, II, III)

yacer to lie (III)

yerre (third person singular subjunctive of **errar**) to misunderstand, to go astray, to make a mistake (II)

Z

zafir *m.* sapphire (**zafiro** also existed in the Golden Age) (III)

Printed in the United Kingdom
by Lightning Source UK Ltd.
132334UK00001B/77/A